Feuerbach

Francesco Tomasoni

Feuerbach

EDITORA
IDEIAS&
LETRAS

Direção Editorial
Edvaldo M. Araújo

Diagramação
Danielly de Jesus Teles

Capa
Tatiane Santos de Oliveira

Tradução
Alessandra Siedschlag
Alexandre Rosas

Preparação e Revisão
Hanna Késia dos Santos Lima
Isabelle Vieira Lima

Imagem de capa: *Portrait of the philosopher Ludwig Feuerbach © Adobe*

Título original: *Feuerbach*

Via Gabriele Rosa, 71
25121 Brescia, Italia
ISBN: 978-88-284-0354-8

1ª impressão

Editora Ideias & Letras

Avenida São Gabriel, 495
Conjunto 42 - 4º andar
Jardim Paulista – São Paulo/SP
Cep: 01435-001
Editorial: (11) 3862-4831
Televendas: 0800 777 6004
vendas@ideiaseletras.com.br
www.ideiaseletras.com.br

Dados Internacionais de Catalogação na Publicação (CIP) de acordo com o ISBD

T655f Tomasoni, Francesco

Feuerbach / Francesco Tomasoni / ; traduzido por Alessandra Siedschlag. - São Paulo: Ideias & Letras, 2022.
176 p. ; 11,5cm x 20cm. - (Pensamento dinâmico)

Tradução de: Feuerbach

Inclui índice e bibliografia.
ISBN: 978-65-87295-41-1

1. Filosofia. 2. Feuerbach. I. Siedschlag, Alessandra. II. Título. III. Série.

2022-1808 CDD 100
CDU 1

Elaborado por Vagner Rodolfo da Silva - CRB-8/9410

Índices para catálogo sistemático:
1. Filosofia 100
2. Filosofia 1

Sumário

I. Biografia |7

II. Análise das obras |*15*

1. *Pensamentos sobre a morte e a imortalidade* |17

2. *Abelardo e Heloísa* |23

3. Obras histórico-filosóficas: a. *História da filosofia moderna*, b. *Leibniz*, c. *Bayle* |25

4. *Crítica à filosofia hegeliana* |33

5. *Essência do cristianismo*: a. *Intenção e estrutura*, b. *Introdução*, c. *Primeira parte*, d. *Segunda parte e conclusão* |35

6. Por uma nova antropologia: a. *Tese preliminar para a reforma da filosofia*, b. *Princípios da filosofia do futuro* |52

7. A essência da fé segundo Lutero |65

8. *Essência da religião*: a. Gênese da obra, b. Entre a redação provisória e a definitiva |72

9. *A questão da imortalidade* |86

10. *Preleções sobre a essência da religião* |88

11. *Teogonia* |91

12. *Espiritualismo e materialismo*: a. A moralidade: confronto com Schopenhauer e Kant, b. Materialismo e subjetividade |97

III. Conceitos-chave |107

IV. História da recepção |133

1. Os primeiros feuerbachianos e suas coletas de documentação |135

2. O debate sobre o materialismo e a interpretação marxista |140

3. Perspectivas de redescoberta no século XX |144

4. Novas descrições da evolução de Feuerbach |150

5. A recente documentação e o seu significado |154

6. Congressos e Sociedade Internacional |157

Bibliografia |161

Índice onomástico |167

I.

Biografia[1]

1 Para a documentação, remetemo-nos a Tomasoni (2011) e a Winiger (2011).

Deus, razão, homem: assim Ludwig Feuerbach delineou as ideias do seu percurso até a maturidade. Na adolescência, voltou-se à teologia; durante os estudos universitários, passou à filosofia hegeliana; depois, se separou dela em nome do homem concreto. Porém, não parou ali e desembarcou na natureza.

Quarto filho do jurista Paul Johann Anselm (1775-1883), famoso por ter redigido o novo código penal para a Baviera e ter introduzido uma reforma que abolia a tortura, com repercussões positivas por toda a Alemanha, nasceu em 28 de julho de 1804, em Landshut, filho de Wilhelmine Tröster. Enquanto o pai representou para ele um ideal, mas também uma firme autoridade, a quem precisou se opor pela própria autonomia, a mãe, com a sua sensibilidade também religiosa, constituiu o objeto de seu terno amor. Por respeito à fé dominante, Ludwig Feuerbach foi batizado segundo o rito católico, mesmo que os pais fossem protestantes. Foi criado em família segundo os princípios luteranos, mas frequentou os primeiros anos de escola em Munique, onde os professores eram, em grande parte, eclesiásticos católicos. Em seus textos, Ludwig confrontaria o protestantismo e o catolicismo, reservando a este último grande atenção, pelos seus aspectos sacramentais e pelo culto a Maria.

Obtendo boas notas no preparatório ao ginásio de Bamberga e no ginásio de Ansbach, inscreveu-se, por uma motivação íntima, na Faculdade Teológica de Heidelberg, onde ficou por dois semestres, nos anos de 1823 e 1824. Em vez de se aproximar do teólogo racionalista Paulus (1761-1851), com o qual o pai tinha uma relação por meio de cartas, seguiu Karl Daub (1765-1836), teólogo especulativo, próximo do idealismo de Schelling e Hegel. Transferiu-se a Berlim para explorar diretamente o ensino de Hegel, logo, abandonou a teologia pela filosofia por ver nesta última a "livre ideia" que o abria ao amplo mundo. Depois de ter frequentado por dois anos todos os cursos então dados por Hegel e por seus discípulos, completou sua formação na pequena Universidade de Erlangen, onde apresentou a dissertação de título *De ratione una, universali et infinita* (1828), indicando na razão a realidade unificadora do gênero humano.

De 1829 a 1836, como livre docente, deu cursos de lógica e de metafísica, mas também de história da filosofia na mesma universidade, com a esperança de ter uma cátedra. Todavia, qualquer perspectiva já tinha sido prejudicada por seus *Pensamentos sobre a morte e a imortalidade*, que, lançados anonimamente em 1830, haviam contestado a imortalidade da alma e concluído com sátiras ácidas em relação aos teólogos racionalistas, sobretudo pietistas. Depois de várias tentativas de uma colocação, mesmo em outros lugares, como professor universitário ou como bibliotecário, abandonou definitivamente a Universidade de Erlangen e se mudou para Bruckberg, um pequeno burgo nos arredores de Nuremberg. Ali, em 1837, casou-se com Bertha Löw, que possuía ações na empresa local de porcelanas e lhe garantia um teor de vida modesto, mas livre. Com ela teve duas filhas, Eleonore (1839-1923) e Mathilde (1842-1844). Esta última morreu quase de improviso, aos dois anos e meio de idade, entristecendo Feuerbach, que lamentou a indiferença e a cegueira da natureza em relação a uma joia ainda não desabrochada.

Na solidão do interior, ele passou grande parte de sua vida se dedicando com tenacidade aos estudos e publicações. Suas obras sobre a história da filosofia chamaram a atenção dos hegelianos de Berlim, que o convidaram a colaborar nos "Jahrbücher für wissenschaftliche Kritik [Anais de crítica científica]". Suas intervenções cada vez mais radicais o levaram, porém, a se destacar daquele grupo e a se aproximar daqueles que se estavam reconhecendo como os "jovens hegelianos", ou a "esquerda hegeliana", segundo o anúncio de David Friedrich Strauss, aquele que havia reconhecido nos Evangelhos sinópticos os efeitos de uma criação mitológica por parte da comunidade primitiva. A partir de 1838, Feuerbach começou, assim, a colaborar com os "Hallische Jahrbücher [Anais de Halle]", dirigidos por Arnold Ruge. Com *Essência do cristianismo* (1841), ele se tornou o expoente maior do novo movimento. Não só Ruge começou a olhar para ele, mas também Bruno Bauer, Karl Marx e Friedrich Engels. Era o momento em que ele, através das *Teses provisórias para a reforma da filosofia*, escritas no início de 1842 e publicadas no ano seguinte, consagrava a ruptura com o idealismo e proclamava a necessidade de uma filosofia nova, mais concreta. Os outros expoentes da esquerda hegeliana viram aí o ponto de partida para a batalha política e social, mas ele se mantém à parte, não compartilhando totalmente de seus posicionamentos e reafirmando como sua tarefa a análise das distorções ínsitas nas mentes e a crítica à religião. Stirner, Bruno Bauer e Marx terminaram por atacá-lo, acusando-o de imobilidade. Não se tratava, porém, disso – e uma nova tentativa aconteceu no estouro da revolução de 1848.

Apesar de a grande depressão econômica de 1847--48 ter levado a fábrica de porcelanas de Bruckberg à ruína financeira e uma grave crise à sua família, ele partiu para Frankfurt, onde se reunia o parlamento dos deputados eleitos pelas várias regiões da Alemanha. Ele próprio aceitou a candidatura que lhe havia sido oferecida pela assembleia dos democratas da cidade de Ansbach. Não foi eleito, mas participou das reuniões dos grupos mais inovadores, encontrando refugiados que voltavam do exterior e demonstrando-se próximo das exigências dos trabalhadores. Deixou-se também envolver em um projeto, que depois fracassou, de fundar uma universidade livre e uma revista independente. Enquanto as agitações revolucionárias se encaminhavam ao insucesso, ele aceitou o convite dos estudantes de Heidelberg para ensinar naquela cidade de que tanto gostara nos dois semestres de teologia. Enquanto a universidade lhe fechou as portas, o *Bürgermeister* lhe colocou à disposição o salão do palácio municipal, no qual, a partir de 1 de dezembro de 1848 até 2 de março de 1849, ele deu aulas sobre a essência da religião frente a um público de estudantes e intelectuais, mas também de operários. Ele sentia, assim, concretizar-se a abertura, por ele desejada, da filosofia não apenas em relação à ciência e às várias formas de arte, mas também em relação ao povo e à sociedade.

Depois desse parêntese, ele retornou a Bruckberg e, enquanto a repressão piorava, mergulhou no estudo dos poemas homéricos e da *Bíblia* com o propósito de completar, através do confronto com as primeiras produções literárias da humanidade, a sua explicação sobre a origem da crença nas divindades. Daí a publicação da *Teogonia* (1857).

Em 1860, o agravamento da própria situação econômica o induziu a abandonar definitivamente, com a esposa e a filha, a tranquila Bruckberg por uma casa barulhenta e bastante problemática em Rechenberg, na periferia de Nuremberg. A solidão e a pobreza dos últimos anos foram aliviadas por jovens admiradores e personagens do povo que, fascinados pelo seu pensamento, puseram-se em contato com ele. Dos simpatizantes recebia, às vezes, ajuda para sustentar a família. Foi também por eles estimulado a precisar seus posicionamentos em relação a outras filosofias, em particular a de Arthur Schopenhauer. É desse confronto que parte a sua última obra: *Espiritualidade e materialismo*.

Depois de sofrer dois derrames cerebrais, morreu em 13 de setembro de 1872.

II.

Análise das obras

1. *Pensamentos sobre a morte e a imortalidade*

Um ataque decisivo à cultura dominante foi representado pela primeira obra, *Pensamentos sobre a morte e a imortalidade* (1830), com a negação da imortalidade pessoal e as sátiras em relação a grande parte da teologia contemporânea, em particular os pietistas. Apesar do anonimato, o autor foi logo descoberto. Seu pai lhe disse que ele havia destruído sua carreira e que o mundo acadêmico jamais esqueceria. Aquelas palavras se provaram verdadeiras, como reconheceu o próprio Feuerbach mais de quinze anos depois (*GW* [*Gesammelte Werke*] XIX, p. 69).

Porém, ele jamais havia colidido com os ensinamentos recebidos, nem havia visado a uma simples negação. Seus mestres, o teólogo Daub e o filósofo Hegel, tinham criticado o subjetivismo da época moderna, atribuindo-o à reforma protestante, que havia afrouxado os vínculos com a Igreja e proclamado o livre exame do crente. Segundo eles, o indivíduo acabou por fechar-se em si mesmo, como mostravam os pietistas e os teólogos do sentimento interior. Era necessário recuperar a dimensão coletiva e comunitária. O jovem Feuerbach tomou essa exigência para si, contestando, com uma radicalidade nova, as concepções da imortalidade e do próprio Deus. Não se tratava de abandoná-las completamente, mas de repensá-las.

Na introdução, ele delineia três épocas: a greco-romana, em que o indivíduo via o próprio destino apenas no interior de sua comunidade; a cristã-católica, com o ápice na Idade Média, em que a perspectiva do além tinha, sim, se imposto, mas, ao mesmo tempo, mantinha a sua continuidade com a vida terrena e não destacava o indivíduo da instituição eclesiástica; e a moderna, iniciada com o protestantismo e com o princípio da "*sola fide*" como única condição de salvação. O triunfo da persuasão pessoal havia afrouxado os laços comunitários e facilitado uma relação individualista com Cristo, preocupada com a própria sobrevivência no Céu. Ao contrário, Feuerbach exorta a aceitar a morte como evento definitivo, não como "o som habitual de um cocheiro" para uma simples troca de cavalos (*GW* I, p. 202, trad. it., p. 27).

A articulação em três épocas, mesmo evocando os procedimentos de Hegel, destaca-se dele porque a terceira época não coincide com a síntese, mas com a máxima antítese, à qual deverá seguir a superação. Depois da Introdução, a obra se desenvolve novamente em três partes que parecem se aproximar mais dos esquemas hegelianos: a primeira, intitulada "Deus"; a segunda, "tempo, espaço, vida"; a terceira, "espírito, consciência". Elas evocam os momentos hegelianos da ideia em si, da ideia fora de si e da ideia que retorna a si constituindo o *em si* e o *por si*. Todavia, os pensamentos que ali se movimentam demonstram uma originalidade que ultrapassa aquele esquema.

Na primeira parte, o indivíduo é convidado a viver a sua morte como revelação da verdade suprema e ato de abandono em Deus. Atravessando, ele experimenta a sua caducidade, mas, ao mesmo tempo, o seu ser fundamentado naquele Deus que o aniquila. Daí o apelo a aceitar aquele golpe da morte "que desce até a medula e o coração" (*GW* I, p. 208, trad. it., p. 34), mas também a aprofundar-se no eterno através de um abandono místico. Como a pessoa renuncia a si, da mesma forma Deus ultrapassa as características pessoais para incluir a natureza e representar a totalidade, de onde os indivíduos derivam e para onde retornam. O lema "um e tudo", que na esteira do debate em torno do panteísmo, que explodiu no início do romantismo, havia inflamado os jovens Hegel, Hölderlin e Schelling no seminário de Tubinga, retorna neste texto (*GW* I, p. 213, 216, trad. it., p. 38, 41).

O predomínio do universal é equilibrado, na segunda parte dos *Pensamentos sobre a morte e a imortalidade*, pelo valor irrepetível da existência individual dentro de um tempo e um espaço determinados. Se o passar do tempo pode ser comparado à corrente de um rio, esta é um fluxo contínuo, mas é também um jogo de gotas que, em sua esfericidade, parecem pérolas. São fugazes, mas extraordinariamente belas na coloração que assumem sob os raios do sol. O instante, que é como uma interrupção do fluir, coincide com o refletir-se em si do finito. Tal reflexão acontece na sensação na qual o inteiro ser se concentra "no ponto de ascensão de um instante" (*GW* I, p. 244, trad. it., p. 70). A descontinuidade é essencial também no espaço: os indivíduos estão um fora do outro, separados. Isso significa que devem sair de si. O espaço que abraça tudo aparece, portanto, como o âmbito, a condição do amor, mas leva também ao desencontro e ao conflito, porque o lugar ocupado por um exclui o outro.

Na existência, é inerente um aspecto trágico: por um lado, ocorrem os vazios para que possam ser preenchidos pelos indivíduos; por outro lado, estes são sempre únicos, irrepetíveis, e a lacuna por eles deixada com a morte jamais poderá ser preenchida por ninguém. Assim, "o nascimento de um ente é a morte de um outro" (*GW* I, p. 280, trad. it., p. 107). Todavia: "Quem pega o lugar [...] não preenche, exatamente porque é um outro, o lugar em que se encontrava o primeiro [...]. Por toda parte existem quebras, fissuras, fendas; quanto mais existam mortos, tanto mais existem espaços vazios, lugares vagos" (*GW* I, p. 283, trad. it., p. 110). Até em si mesmo, todo ente, mesmo mínimo, contém um número incalculável de partículas, mas também de lacunas. Abrem-se nele distâncias desmedidas. Assim, o fim ao qual ele tende é sempre distante e o fruto amadurece apenas após um longo processo.

Ao descrevê-lo, Feuerbach se inspira na concepção leibniziana da mônada e na concepção hegeliana do espírito vivente. O organismo em seu desenvolvimento provém de si mesmo, assimilando e consumindo a matéria. Ele, através da geração, perpetua-se eternamente. Assim, considerado como gênero, não é abalado pela morte. Apenas o indivíduo é tocado por ela enquanto se destaca do processo eterno. "O doloroso lamento dos doentes e os últimos suspiros dos moribundos [...] são os cantos de vitória do gênero, com os quais ele celebra a sua realidade e o vitorioso domínio sobre o fenômeno individual" (*GW* I, p. 302, trad. it., p. 130).

A vitória do gênero sobre o indivíduo é precursora da perspectiva ainda mais positiva da terceira parte, concentrada na humanidade, o gênero por excelência, a realização plena do espírito. Assim como no nascimento, o homem recebe, além da vida, a consciência de si e dos outros, da mesma forma, no fim, é chamado a restituí-la (*GW* I, p. 329, trad. it., p. 158-159). Se toda a existência é um contínuo receber e doar, a morte é o último momento da comunicação de si: "Quando você comunicou tudo e não resta nada mais do que a última carapaça seca da sua personalidade, então você descarta a si mesmo" (*GW* I, p. 337, trad. it., p. 167). O íntimo significado de si, aquele que representa a própria alma, permanece na comunidade e se perpetua na história da humanidade graças à recordação que eleva o individual ao universal, a matéria ao espírito (*GW* I, p. 332-333, trad. it., p. 163-164).

Os fatos individuais e os indivíduos recaem na esfera dos fenômenos que a eternidade dissolve manifestando o significado deles. Qual é o relacionamento que se estabelece entre a história e a eternidade, entre os indivíduos e a humanidade? Os segundos termos parecem prevalecer. De fato, a história é definida como uma "unidade de passado, presente e futuro", mas esta unidade, captada pela consciência, implica a anulação das três dimensões na identidade (*GW* I, p. 345, trad. it., p. 175-176). A morte é, portanto, o momento em que se levanta "o véu no templo de Isis" e o finito se anula.

Na crítica ao subjetivismo, o jovem Feuerbach, portanto, partiu de seus mestres, mas o êxito se voltou a uma direção diversa, já que a esfera do sensível e a esfera do eterno são mediadas de forma diferente em relação a Hegel. De um lado, a primeira tende a não ser um momento necessário na manifestação da segunda; de outro lado, a maior separação entre as duas é precursora de uma sua crescente autonomia, como foi ressaltado por Claudio Cesa (CESA, 1963, p. 160-161).

Os *Pensamentos sobre a morte e a imortalidade* terminam com uma ampla coleção de versos satíricos sobre os pietistas e sobre os filósofos da religião que buscaram o compromisso entre as representações religiosas e a filosofia. Colocaram na berlinda também professores conhecidos pessoalmente por Feuerbach durante os estudos universitários. É compreensível a animosidade provocada por seu sarcasmo, às vezes pesado e indecente.

2. Abelardo e Heloísa

De um momento de crise, causada por uma relação de amor proibida, pela incerteza nas perspectivas do ensino e pela busca de um trabalho até na França, surgiu uma obra singular, intitulada: *Abelardo e Heloísa. O escritor e o homem. Uma série de aforismos humorístico-filosóficos* (1834). De pano de fundo, a história de dois amantes medievais, que, apesar da violenta oposição do canônico Fulberto, o tio de Heloísa, seguem o seu amor em um plano espiritual, através das paredes monásticas. Tal história havia sido revisitada com cores modernas por Jean-Jacques Rousseau em *Julie ou la Nouvelle Héloïse* (1761). A atmosfera do escritor de Genebra retorna nesses aforismos que aludem a caminhadas solitárias para proteger-se das "distrações da vida", a "capelas solitárias que o homem erige nas românticas regiões selvagens da vida" (*GW* I, p. 543, trad. it., p. 38), ao incômodo pelos deveres e as convenções burguesas (*GW* I, p. 558-559, trad. it., p. 50-51). Para chegar ao âmago da vida, é preciso destacar-se dela e, através da abstração, destilar a sua essência a partir do que restar. O saber, a ciência, os livros são o seu concentrado.

Exteriormente, o escritor é um excêntrico que faz coisas estranhas, tudo absorto pela sua ideia. Ele segue o espírito que é um "vagabundo", um "filho natural", uma "dissipação de bens", uma "cabeça louca" (*GW* I, p. 584-604, trad. it., p. 72-88). Pode chegar a ser considerado um infame e a ser condenado, como aconteceu a Giordano Bruno, Vanini, Galilei (*GW* I, p. 606, trad. it., p. 90-91). Todavia, ele realiza o seu gênio e dá sentido à sua existência. Como na parábola evangélica, ele encontrou um tesouro pelo qual vale a pena vender tudo (*GW* I, p. 568-569, trad. it., p. 59). Ele é a sua "alma", que se transforma em energia criativa, capaz de subverter os critérios normais com os quais se avalia o mundo.

Em termos quase religiosos, Feuerbach descreve a total dedicação que implica ser filósofo e escritor. Isso, porém, significa renunciar a ser homem? A resposta chega sobretudo nas páginas conclusivas, que assumem um andamento narrativo e apresentam um diálogo imaginário entre o homem e o escritor. O primeiro, tomando ao pé da letra a exigência do destaque do mundo, diz adeus à mulher pela qual é apaixonado, mas não consegue deixá-la (*GW* I, p. 628, 633, 635-636, trad. it., p. 109, 113, 115-116). O segundo, tomando conhecimento disso, repreende o primeiro por ter entendido mal o seu discurso. O amor não é um obstáculo, não é uma fraqueza, mas "*o mais belo vínculo entre o homem e o escritor*". Heloísa age como sua cúmplice perto do fim, revelando ser "*uma só* essência" com o homem, mas também com o escritor. Assim, a solidão é buscada junto dela. Após subirem na carruagem, "em um instante" "desapareceram, felizes, aos olhos do mundo" (*GW* I, p. 638, trad. it., p. 116-117).

Feuerbach que, graças à sua formação idealista, inicialmente havia exaltado a razão, recupera agora o valor do amor e do ser homem. A abstração comporta abandono das particularidades exteriores e dos condicionamentos, não do amor, da paixão interior, da energia criativa. Aliás, aqui se escondem as condições para a própria realização. O texto foi mais importante para o autor, em seu esforço em esclarecer a si mesmo, do que para o mundo cultural. Os hegelianos de Berlim, aliás, consideraram que o texto prejudicasse a sua carreira acadêmica. E, ao mesmo tempo, apreciaram muitíssimo as obras de história da filosofia a que estava se dedicando.

3. Obras histórico-filosóficas

a. *História da filosofia moderna*

Feuerbach já havia publicado, em 1833, *A história da filosofia moderna de Bacon a Spinoza*, inspirando-se, com uma certa autonomia, nos critérios hegelianos. De resto, *Filosofia da história* de Hegel saía no mesmo ano por obra de Karl Ludwig Michelet. Na introdução, o espírito que toma consciência da própria verdade é apresentado por Feuerbach como a humanidade que adquire consciência da própria universalidade através de três fases: na idade greco-romana, ela está circunscrita a um povo e apenas na filosofia supera aqueles limites, mas unicamente de modo ideal; com o cristianismo, ela capta "a unidade da sua *pura* essência com a essência divina" (*GW* II, p. 7) negando, porém, valor ao sensível, ao mundo, à matéria; na idade moderna, enfim, recupera esses aspectos, confiando-se à experiência.

É exatamente em virtude desse conceito que Bacon é tomado como ponto de partida, enquanto Spinoza representa a conclusão, tendo superado o dualismo em uma verdadeira síntese. Os limites também indicados nele fazem entender que o caminho não está concluído, mesmo que tenham sido enunciados princípios fundamentais. A exposição dos ensinamentos modernos por parte de Feuerbach é afetada por duas características: a referência aos textos com amplas paráfrases e a indicação da correspondência entre as diversas personalidades e as suas respectivas doutrinas. Francis Bacon se dividiu, em sua vida, entre a ciência e a ocupação política, diferentemente de Spinoza, que se retirou com poucos amigos para dedicar-se inteiramente ao saber. Assim, o primeiro não conseguiu que sua filosofia fosse permeada do princípio que havia intuído; o segundo, ao contrário, elaborou um sistema compacto (*GW* II, p. 43, 44-48, 385).

Vislumbrando no método a condição de toda ciência, Bacon reconheceu, segundo Feuerbach, que o espírito é o princípio de toda observação empírica. Desse modo, ele fundou a ciência moderna. Todavia, condicionado pelo empirismo e pelo materialismo, terminou por manter separados os princípios e as observações particulares (*GW* II, p. 50-52, 53-54, 56, 57, 61). Essa separação fará com que seus efeitos negativos sejam sentidos sobretudo nos pensadores empiristas sucessivos. Feuerbach reserva uma atenção particular a Hobbes, do qual repudia o mecanismo que alienaria o espírito, reduzindo-o a um instrumento calculista, despiria o homem de sua liberdade e o sujeitaria às paixões, à força ou a um arbítrio imotivado (*GW* II, p. 101, 102, 109, 111, 113). O mérito de ter posto o Estado ao centro das suas reflexões é, portanto, redimensionado pelas críticas ao materialismo. Depois de ter colocado ao lado do empirismo, pela sua visão do mundo constituída por átomos, Pierre Gassendi, Feuerbach identifica o ponto de virada em Jacob Böhme, o sapateiro de Görlitz, que o romantismo havia ajudado a reavaliar e que Hegel havia denominado o primeiro filósofo alemão. Em sua cabana "exteriormente tão feia e desprezível", Feuerbach vê a riqueza de tesouros desenvolvida pelo espírito pensante (*GW* II, p. 160). Já Hegel havia visto nas reflexões de Böhme sobre Deus a semente de um pensamento dialético. Feuerbach se estende amplamente sobre o processo divino de separação e contradição, mostrando como o sapateiro místico tinha captado a essência do espírito (*GW* II, p. 176-195). Este, diferenciando-se em si mesmo até a própria contradição e então retornando a si, incluiria a natureza, que também refletiria tal dinâmica (*GW* II, p. 195-208). Aliás, tendo colocado no próprio Deus a origem do mal, Böhme evidenciaria o papel essencial do negativo (*GW* II, p. 216-217).

Das intuições de Böhme, Feuerbach passa às análises de Descartes, em particular à dúvida e à consequente certeza: "Penso, logo existo". A existência se revela indubitável no ato do pensar. Para demonstrar a profundidade dessa verdade, ou seja, a identidade entre pensar e ser, Feuerbach recorre ao chamado argumento ontológico de Anselmo d'Aosta e defendido por Hegel contra as críticas de Kant. A essência divina, que contém em si toda perfeição, inclui a própria existência como efeito do pôr a si mesma (*GW* II, p. 273-275, 281). Isso vale tanto para o pensamento quanto para o espírito. É necessário, porém, remover daí toda representação individualista. Ao contrário, Descartes aí recairia representando o espírito como um si individual (*GW* II, p. 280). Uma vez reduzido o pensamento a atributo de um eu individual, de uma alma, separada do corpo, se imporia o dualismo entre espírito e matéria, como também uma visão mecanicista da natureza (*GW* II, p. 294-295). Aqui está implícita também a rejeição de um Deus compreendido no sentido pessoal. Assim, Descartes, exaltado como "pai espiritual" da ciência (*GW* II, p. 36), ficaria condicionado por representações religiosas que em alguns de seus epígonos, como Geulincx e Malebranche, mostrariam todos os seus defeitos.

E, vice-versa, Spinoza é o ponto final, tendo removido de Deus toda interpretação pessoal e tendo liberado a filosofia da teologia. A substância divina seria, portanto, a "causa imanente" do tudo (*GW* II, p. 410). Seguindo o ensinamento de Hegel, Feuerbach detecta no compacto sistema de Spinoza uma explicação insuficiente da origem do finito, mas essa observação fica na sombra em comparação à exaltação daquele que expressaria a "filosofia pura" (*GW* II, p. 416). Spinoza se tornará um importante ponto de referência para os expoentes da esquerda hegeliana.

A *História da filosofia moderna* suscitou admiração entre os hegelianos de Berlim, que o convidaram a colaborar com seus "Anais", e ali publicaram algumas de suas intervenções. Todavia, a sua visão tendia a se diferenciar da deles, como se depreende de suas críticas à historiografia filosófica de Erdmann, por ter feito com que a filosofia moderna iniciasse, a partir da diferença teorizada por Descartes, em vez de da unidade afirmada na filosofia renascentista italiana (*GW* VIII, p. 132-133). O panteísmo imposto aqui, com a visão voltada à natureza, era o verdadeiro princípio levado à plena consciência do idealismo.

Com efeito, em *Lezioni sulla filosofia moderna*, publicado apenas em 1974, por iniciativa de um jovem italiano morto muito prematuramente, Carlo Ascheri, o início é constituído pelo "panteísmo" da filosofia de Bruno e Campanella, enquanto o resultado final é delineado como uma síntese entre panteísmo e idealismo, natureza e consciência (FEUERBACH, 1974, p. 26-30, 49, 141-142).

b. *Leibniz*

A segunda obra historiográfica, o *Leibniz* (1837), apresenta-se como continuação da precedente, mas tem um recorte claramente monográfico. Ela se distingue pelo esforço em reavaliar Leibniz em relação às críticas de Hegel. Nesse sentido, Feuerbach contrapõe o próprio método àquele do mestre, dizendo visar a uma explicação "genética", em vez de a uma simples crítica, com a convicção de que todo sistema, interpretado a partir do interior, possa se revelar perfeito e superar, ao menos tendencialmente, as próprias carências (*GW* III, p. 4-6, 216). Enquanto Hegel tinha aproximado as mônadas leibinizanas aos átomos, Feuerbach ressalta a sua natureza espiritual, afim à alma. Não são realidades fechadas, mas absolutamente abertas. Não têm portas e janelas porque não precisam delas, refletindo em si o inteiro universo através de sua atividade representativa (*GW* III, p. 60-61).

A presença do tudo na mônada individual está na origem de sua tendência e de sua polaridade entre os extremos da obscuridade e da claridade (*GW* III, p. 62-63). Distinguindo-se de Hegel, Feuerbach reavalia a representação obscura enquanto reflexo da "infinita multiplicidade" na mônada individual (*GW* III, p. 58-60). Se tal representação do universo é definida matéria, isso significa que esta é a "*ligação das mônadas*" (*GW* III, p. 63). A concordância entre elas é, portanto, efeito de sua natureza, não de um Deus relojoeiro. A harmonia preestabelecida seria, portanto, uma expressão "teológica" que desvirtuaria o sistema e terminaria por tornar exteriores as relações íntimas entre as mônadas. Uma mônada suprema, correspondente a Deus, é, para Feuerbach, supérflua e deriva simplesmente da representação religiosa que substitui o ponto de vista universal, objetivo, pelo ponto de vista particular, subjetivo, destinado apenas ao homem (*GW* III, p. 71, 96, 100-101). O primeiro seria teórico; o segundo, prático; a incoerência de Leibniz derivaria, portanto, do contraste entre os pontos de vista (*GW* III, p. 116-124). A interpretação de Feuerbach, voltada à reavaliação do filósofo Leibniz em relação aos condicionamentos da teologia (*GW* III, p. 97-99, 102, 106), mostra uma significativa oscilação em suas opiniões sobre a representação. Esta, por um lado, é reavaliada em relação a Hegel, enquanto atividade cognitiva geral que inclui, em si, a obscuridade, e, por outro lado, é criticada como típica da esfera religiosa, segundo o ensino ainda relativo ao seu mestre. As primeiras diferenciações explícitas em relação a ele acontecem no plano historiográfico, mas aparecem como correções parciais ou integrações, não como rupturas claras.

c. *Bayle*

A terceira obra historiográfica, significativamente intitulada *Pierre Bayle: Uma contribuição para a história da filosofia e da humanidade* (1839), mostra uma superação clara dos limites disciplinares na intenção de captar os valores da humanidade em uma perspectiva europeia. O contraste entre espírito e carne, típico do catolicismo, aquele entre fé e razão, presente no protestantismo, aquele entre teologia e ciência, que explodiu nos tempos modernos, resultam, segundo Feuerbach, na afirmação do homem, enquanto sujeito autônomo em seu conhecer e agir. Seguindo com atenção a incansável pesquisa do escritor francês sobre os preconceitos, as concepções e os comportamentos humanos e reportando na língua original longos trechos de suas obras, exalta nele o homem de ciência, que combate corajosamente "pelo direito e pela verdade" e, ao mesmo tempo, é "pacífico", não conhece um prazer superior "ao trabalho e à atividade" e não aspira "às honras e às riquezas terrenas" (*GW* IV, p. 242-246). Se Bayle, no confronto entre ateísmo e superstição, havia preferido o primeiro, já que este podia ser conciliado com a razão e com a moralidade, enquanto a segunda sucumbia às paixões, isso significa, para Feuerbach, que ele antecipou a concepção kantiana da autonomia da moral. De fato, o bem deve ser amado por si mesmo, não por ser prescrito por um Deus (*GW* IV, p. 67, 100, 102-103). Se, de fato, é cumprido por uma razão a ele estranha, ou seja, o comando de uma vontade ou a expectativa de um benefício, não é mais moral (*GW* IV, p. 75, 87-90). Por isso, aos casos de ateus efetivamente virtuosos são contrapostos comportamentos imorais de homens religiosos (*GW* IV, p. 60-61, 67-71, 297).

Seguindo as críticas de Bayle à intolerância do fanatismo religioso, Feuerbach vê ali a razia da moral heterônoma que obedece ao arbítrio de uma autoridade suprema e termina por sucumbir às paixões.

A relação entre razão e paixões aqui delineada pode levantar questões. De um lado, proclama-se a autonomia da moral e da ciência a partir da teologia, ou seja, do ponto de vista prático, condicionado pelas paixões; de outro lado, estas revelam uma força indomável (*GW* IV, p. 60-63). Como lidar com elas?

Quanto mais Feuerbach se distanciava de Hegel, mais captava a importância da sensibilidade e da esfera emocional.

4. *Crítica à filosofia hegeliana*

Entre os discípulos de Hegel, havia sido, enquanto isso, criada a divisão entre aqueles que defendiam o seu sistema e a necessidade de uma conciliação com o existente e aqueles que, recorrendo ao seu método, criticavam a religião e o poder político, reconhecendo-se como os jovens hegelianos. Tendo-se unido a eles, Feuerbach logo se tornou o seu porta-bandeira, pegando o papel que tinha sido de Strauss. Ele, cada vez mais aborrecido pelas preocupações dos hegelianos de Berlim sobre a fidelidade em relação ao maestro e o acordo com as autoridades, aceitou colaborar com os "Anais" de Ruge em nome da liberdade filosófica.

O longo ensaio *Crítica à Filosofia Hegeliana* é a expressão patente da escolha de campo. Não é ainda uma ruptura radical com a filosofia de Hegel, mas a contestação de alguns dos seus pontos importantes, que, segundo Feuerbach, haviam levado ao esclerosamento do sistema. Antes de tudo, a pretensão de que esta seja a síntese definitiva do caminho filosófico parece insustentável. Assim como o absoluto não pode se identificar com uma figura histórica, sempre relativa a um tempo, da mesma forma a filosofia não pode se realizar em uma única doutrina, condicionada por um tempo e por um espaço (*GW* IX, p. 19-20, trad. it., *SF* [*Scritti filosofici*], p. 50-51). A esse propósito, Feuerbach fala sobre o dogma da encarnação. De um lado, ele o rejeita porque o gênero humano não pode encontrar a sua plena manifestação em um único indivíduo. Nesse caso, de fato, os outros se tornariam supérfluos, insignificantes. De outro lado, a vinda de Cristo foi vista pelos primeiros cristãos como o anúncio do próximo fim do mundo (*GW* IX, p. 20-21, trad. it., *SF*, p. 51-52). Se o absoluto tinha entrado na história, esta perdia qualquer perspectiva futura. Assim, a ideia de uma filosofia absoluta tornava impossível qualquer filosofia futura. Na verdade, nem mesmo a filosofia hegeliana era absoluta. As suas origens estavam ligadas aos ensinamentos de Fichte (*CW* IX, p. 25-26, trad. it., *SF*, p. 57-58). Assim, a sua pretensão de reproduzir o pensamento como tal, sem pressupostos, era infundada, aliás, refletia cegueira a respeito dos próprios princípios.

Daí a acusação a esta de ser um monólogo em vez de um diálogo. Para demonstrar isso, Feuerbach retomava a crítica da certeza sensível na *Fenomenologia do espírito* e a crítica do ser na *Lógica* (*GW* IX, p.

35-37, 42-45, trad. it., *SF*, p. 67-70, 75-78). Apenas aparentemente Hegel havia partido do "aqui" e do "agora", ou do ser. Na verdade, tratava-se já de expressões conceituais, que haviam deixado fora de si os dados sensíveis, individuais. Hegel, portanto, não se havia confrontado de verdade com a alteridade, deixando de lado uma instância proposta por ele mesmo. Daí a crítica de não ter efetuado uma dialética efetiva: "A dialética não é um monólogo da especulação consigo mesma, mas um diálogo da especulação com a empiria". Uma filosofia autêntica deveria "gerar-se do próprio contrário" (*GW* IX, p. 38, trad. it., *SF*, p. 69-70). Esses pontos logo levariam à ruptura total com o idealismo e à proclamação de uma nova filosofia.

5. *A essência do cristianismo*

a. *Intenção e estrutura*

A obra, que teve o mais forte impacto sobre a opinião pública e foi um sucesso editorial, foi lançada depois de uma longa gestação devido a um estudo acurado da dogmática cristã e dos padres da Igreja, como também a um complexo trabalho de redação: projetada para o lançamento de *Bayle*, em março de 1839, nasceu apenas em junho de 1841. O título foi escolhido no fim. Durante a escrita, Feuerbach havia avaliado vários, entre os quais o lema socrático "conhece-te a ti mesmo" e "crítica da razão impura", com alusão à tarefa kantiana, ou seja, à exigência de purificar a razão das contaminações da teologia. Ele havia também pensado em títulos que ressaltassem mais o conteúdo, como "os *segredos da religião* ou as *ilusões da teologia*". A decisão final talvez precisou corresponder a exigências editoriais, todavia levanta a questão sobre a validade do termo "essência" referido a um fenômeno de tamanho e evolução tão amplos quanto o cristianismo. Como pretender abraçar a sua essência? De um lado, Feuerbach está convencido de que esta deva ser buscada não no cristianismo moderno, "vil, diluído, complacente" (*GW* V p. 6-8, trad. it., p. 6-7), mas no antigo. De outro lado, não se pode voltar atrás, anulando a evolução sucessiva. Essa essência é, portanto, julgada com os olhos modernos da razão, que a considera superada. A razão, porém, não é tudo, como aparece cada vez mais no decorrer da obra.

O esclarecimento, evocado nos títulos provisórios, tem como fim um escopo terapêutico, como se ressalta no prefácio, fazendo a comparação com a água: "A água fresca clareia os olhos [...]. A água é a imagem da autoconsciência" (*CW* V, p. 8, trad. it., p. 8). Trata-se de tirar as incrustações devido à mistura de filosofia e teologia, típica da filosofia especulativa, que converteu "as imagens da religião em seus próprios *pensamentos*", de tomar a religião na sua essência "dramática" e representativa e reconduzi-la ao homem. Daí a afirmação: "o *segredo da teologia é a antropologia*" (*CW* V, p. 4-6, trad. it., p. 4-6). Através do cristianismo, o homem, portanto, é convidado a redescobrir o próprio valor.

A obra se articula de modo simétrico. Uma ampla introdução ilustra respectivamente a essência do homem e da religião, os dois termos que depois são colocados em confronto. Na primeira parte, ilustra-se o seu "acordo"; na segunda parte, a sua "contradição". Essa bipartição faz com que alguns argumentos apareçam duas vezes, como no caso da Trindade, primeiro apreciada como expressão da essência comunitária do homem e depois rejeitada como doutrina contraditória e sofística. Portanto, enquanto a primeira parte tem uma orientação tendencialmente positiva, a segunda é mais crítica e negativa. A qual das duas partes dar proeminência?

Na verdade, parece que à primeira. No prefácio da segunda edição (1843), Feuerbach usou da primeira parte da obra para negar que o êxito fosse apenas negativo (*GW* V, p. 19-20, trad. it., p. 17). Além disso, é exatamente ali que se nota uma maior reelaboração dos instrumentos conceituais, enquanto a segunda parte repropõe esquemas que o filósofo está para abandonar. A contraposição entre uma parte positiva e uma negativa evoca também a distinção sempre mais clara entre a religião e a teologia. Enquanto a primeira é cada vez mais valorizada como expressão imediata da sensibilidade humana, a segunda é rejeitada pela sua pretensão de sustentar, através de raciocínios, aquilo que não recai na esfera da razão. Os dois aspectos já tinham aparecido em um ensaio um pouco anterior, *Sul miracolo* (1839).* As críticas, vindas já dos iluministas, contra as histórias de milagres enquanto contraditórias para a razão e historicamente insustentáveis, estavam, sim, no plano de fundo, mas, no primeiro plano, se impunha a Feuerbach a força da imaginação e do desejo, intolerante a qualquer limite. Emergia, portanto, um lado profundo e recôndito do próprio homem.

b. *Introdução*

Os dois capítulos da introdução revelam a grande dívida em relação ao idealismo e, em particular, em relação a Hegel. O primeiro capítulo é centrado na essência, na autoconsciência e na função do objeto. A essência, constituindo para cada ente a medida, para ele, é infinita, enquanto esse é finito. Tal contraste se torna um dissídio consciente no homem, que externa fora de si, como objeto, a sua essência infinita, tomando indiretamente consciência de si (*GW* V, p. 38-39, trad. it., p. 31-32). Na definição da essência humana, Feuerbach remonta ao modelo da Trindade e a articula em razão, vontade e coração (*GW* X, p. 30-31, trad. it., p. 27), mas insiste particularmente neste último. Assim, de um lado, exprime a divindade do sentimento, e, de outro, o seu ser fundamentalmente humano (*GW* V, p. 39-42, trad. it., p. 32-34). O andamento do capítulo é emblemático para a obra inteira:

* N.T.: Esse é um dos muitos títulos que só existem no manuscrito original alemão (que pertence ao fundo de manuscritos de Feuerbach da Biblioteca de Munique) e na tradução italiana.

parte-se do idealismo e se enuncia a tarefa do esclarecimento dos aspectos patológicos através da razão, mas, no confronto com a religião, se impõe a importância da esfera emocional e da sensibilidade.

O segundo capítulo introdutório sobre a essência da religião também parte da tese hegeliana, segundo a qual a consciência que o homem tem de Deus coincide com a autoconsciência do próprio Deus. Em virtude de tal coincidência, Feuerbach inverte as relações. Aquilo que, para Hegel, era o princípio, se torna a consequência: a autoconsciência divina não é nada além da consciência que o homem tem da própria essência, mesmo não percebendo isso (*GW* V, p. 46, 377-380, trad. it., p. 36-37, 242-243).

A falta de consciência caracteriza o aspecto negativo da alienação, ou seja, o estranhamento, que induz a ver a essência infinita como um objeto estranho. Vice-versa, os predicados atribuídos a Deus são os predicados da essência humana, purificados dos limites individuais. Refletem aquilo que o homem gostaria de e deveria ser, aquilo que é como ideal ou como gênero humano.

Se os predicados que definem o sujeito são humanos, ele também o é. Feuerbach rejeita a tese da teologia negativa, segundo a qual o sujeito estaria além dos predicados, porque vê ali o caminho aberto para a irracionalidade (*GW* V, p. 49-50, trad. it., p. 38-39). Em vez disso, as imagens antropomórficas contêm uma verdade profunda: o fato de que Deus é espelho do homem (*GW* V, p. 47, trad. it., p. 37-38).

Ele reflete um juízo crítico, com base no qual os aspectos nobres são atribuídos a Deus; aqueles mesquinhos permanecem do homem, que se rebaixa para elevar Deus (*GW* V, p. 64-66, trad. it., p. 44-45). Isso é evidente no ascetismo católico, em que se renuncia à própria atividade para que Deus aja. Tornamo-nos objetos do objeto que foi posto (*GW* V, p. 70-73, trad. it., p. 47-48). O êxito final, no entanto, não é a negação de si. "Assim como a circulação arterial impulsiona o sangue até as extremidades mais distantes, enquanto a venosa o traz de volta, assim como a vida consiste de uma perene sístole e diástole, assim também é a religião" (*GW* V, p. 73, trad. it., p. 48). Esse ciclo, com base no qual o distanciamento precede o retorno, é animado pelo "desejo do homem de tornar *a si mesmo*" (*GW* V, p. 91, trad. it., p. 56). Portanto, da mesma forma que a religião é o "*primeiro* e, *além disso, indireto conhecimento* que o homem tem de si" (*GW* V, p. 47, trad. it., p. 37), da mesma forma Deus é "*sal* da própria existência" (*GW* V, p. 51, trad. it., p. 39).

c. *Primeira parte*

Os primeiros capítulos da primeira parte, dedicada ao acordo entre essência humana e religião, inspiram-se na história cristã da salvação e vão da inadequação da lei à encarnação e à paixão. A contraposição entre a lei "*impessoal, abstrata*" e o coração alude às considerações de Paulo na carta aos gálatas e aos romanos sobre o tormento do pecador e sobre a necessidade da salvação: "A lei condena; o coração tem piedade até do pecador [...]. De que modo portanto o homem se redime da pena da consciência do pecado, do tormento do senso de nulidade? De que modo aponta para o pecado o seu ferrão mortal?" (*GW* V, p. 98, trad. it., p. 59). O coração, que poderia aludir à misericórdia divina e à graça, é, porém, interpretado genericamente como amor, como "o *terminus medius*, o laço substancial, o princípio de mediação entre perfeito e imperfeito", segundo uma expressão que alude a *Abelardo*. Ele "torna Deus o homem e o homem, Deus" (*GW* V, p. 99, trad. it., p. 59-60). À exigência do coração responde a encarnação, explicada segundo um outro motivo paulino, o da *kenosi* (Fil. 2,7), em que se manifesta o "alienar-se de Deus no homem": "Deus em si se despe de sua divindade, aliena-se [...], humilha-se, abaixa-se por mim" (*GW* V, p. 106, 115, trad. it., p. 63, 68). Como já em Paulo, a paixão de Jesus se torna a consequência extrema da humilhação e, ao mesmo tempo, "a encarnação foi uma lágrima da compaixão divina" (*GW* V, p. 102, trad. it., p. 61).

Em relação à imperturbabilidade de Sócrates frente à cicuta, impressiona quando Jesus implora para que lhe seja poupada a prova suprema. Todavia, foi exatamente assim que demonstrou ser homem, e não um simples ator de uma comédia. "Um ente sem sofrimentos é um ente sem coração" (*GW* V, p. 120, 125, 126, trad. it., p. 71, 74, 75). A paixão de Cristo demonstra tanto que "*sofrer pelos outros é divino*" quanto que o sofrimento refina a sensibilidade.

Aos primeiros três capítulos se conecta um capítulo mais posterior: "O segredo do Cristo cristão ou do Deus pessoal", que retoma o contraste entre a lei e o coração e, sempre nos passos de Paulo, indica exatamente em Cristo a solução: "Os pagãos tiveram uma lei não escrita, os hebreus, uma lei escrita, os cristãos, um exemplo, um modelo, uma lei visível, viva pessoalmente, feita carne, uma lei humana". "Quem cumpre a lei, anula-a" (*GW* V, p. 251, 249, trad. it., p. 158, 157. Cf. Rom, 2,14-16.17; 3,24; 8,3-4).

Na releitura da história da salvação, um espaço reduzido é reservado à ressurreição de Cristo, tratada em menos de duas páginas, junto à imaculada concepção de Maria, à qual se dedica uma atenção maior. Limita-se a dizer que esta é "a *realização* do *desejo* humano de ter *certeza imediata* da *sobrevivência pessoal* depois da morte" (*GW* V, p. 241, trad. it., p. 151). Tal desejo, ainda vago nos pagãos, tornaria-se uma questão vital para os cristãos, envolvendo a carne. A necessidade de redenção, surgida do conflito com a lei e do imperativo do ideal, parece se resolver no desejo da imortalidade pessoal. Feuerbach, porém, substituirá a perspectiva pessoal pela coletiva, seguindo na direção já delineada em *Pensamentos sobre a morte e a imortalidade*.

Antes de aprofundar esse aspecto, convém parar um pouco nos capítulos que acabamos de tratar. Antes de tudo, o cristianismo é assumido como modelo da religião em geral. Aqui pode-se ver um rastro do ensinamento de Hegel, que havia considerado o cristianismo como a religião absoluta. Feuerbach, desde o início de seu percurso, tinha tomado distância dessa tese, todavia aqui sofre a sua influência. Assim, acaba por atribuir a toda religião a exigência da encarnação, que seria expressa na oração, na confiança de ser ouvido, de encontrar, por assim dizer, um Deus humano. "*Toda oração é de fato uma incarnação de Deus*. Na oração, atraio Deus para dentro da miséria humana; faço dele partícipe dos meus sofrimentos e fraquezas" (*GW* V, p. 109, trad. it., p. 65). Em outros termos, conto com o seu abaixar-se ao nível humano.

Isso caracteriza tanto o monoteísmo em geral quanto o politeísmo em que o antropomorfismo é mais evidente. Todavia, quando as encarnações são múltiplas, perdem o seu significado. "A pluralidade é dispersiva". Vice-versa, a encarnação no Cristo é muito mais potente, apresentando as características da "exclusividade", da "realidade" e da historicidade (*GW* V, p. 257-258, trad. it., p. 162). A centralidade do Cristo nessa visão contrasta com as críticas ao monoteísmo enquanto sujeição de todos os seres ao arbítrio de uma única autoridade. Vice-versa, o politeísmo reconheceria, ao menos indiretamente, a autonomia dos vários entes (*GW* V, p. 209-210, trad. it., p. 130-131). A relação entre as várias religiões será tratada de forma muito mais ampla em *Essência da religião*, na qual será reservado um espaço considerável às chamadas religiões naturais.

Aqui, depois de ter falado do Cristo que sofre, Feuerbach dedica os quatro capítulos centrais à Trindade, de onde faz derivar o mundo. Ao dar importância a esse dogma, Feuerbach revela-se discípulo do teólogo Daub e de Hegel, que reservam à Trindade uma posição importante. Nos passos do filósofo idealista, Feuerbach também vê exprimir-se na Trindade "a identidade da autoconsciência", que "existe apenas como *unidade* plena, rica de relações, *entre mim e você*" (*GW* V, p. 132, trad. it., p. 79). Depois, porém, concentrando-se no sentido teológico da pessoa como relação, ele registra a insuficiência de uma perspectiva puramente conceitual. De fato, o pensamento exige solidão. Vice-versa, a relação caracteriza essencialmente o amor, a sociedade, a comunidade. "Apenas *a vida em comum é a vida verdadeira, apagada em si, divina*" (*GW* V, p. 136, trad. it., p. 81). Na Trindade, afirma-se, portanto, a natureza relacional do homem.

Os termos de pai e filho o induzem a ver na família o modelo original e a substituir a personalidade do Espírito Santo, "demasiadamente vaga e precária", pela da mãe de Deus. Assim, afirma: "Maria entra totalmente na categoria das relações trinitárias" (*GW* V, p. 143, trad. it., p. 84). Trata-se de um claro forçamento do dogma trinitário. Quando, em 1844, Feuerbach voltar ao estudo da dogmática trinitária, redescobrirá o significado do Espírito Santo.

A segunda pessoa da Trindade é objeto do capítulo sucessivo, como *logos* e como imagem. O primeiro aspecto permite que se ressalte, segundo a concepção do Evangelho de João, que a palavra é "luz", "verdade e vida". Ela possui "poderes revolucionários", divinos (*GW* V, p. 159-160, trad. it., p. 93-94). O segundo aspecto evidencia, segundo Feuerbach, a necessidade das imagens para o homem, que se vale da fantasia e é inspirado pelo coração (*GW* V, p. 154-155, trad. it., p. 90-91). É sempre da segunda pessoa que ele trata no capítulo seguinte: "O segredo do princípio cosmogônico em Deus". De fato, ela, "sendo o Deus que se revela, se manifesta [...] é o *princípio criador do mundo* em Deus" (*GW* V, p. 162, trad. it., p. 95). Exatamente porque Deus se diferencia em si mesmo, torna possível o surgimento de um mundo distinto dele. Na definição do Filho como "arquétipo original", pode-se perceber o eco da carta aos colossenses, em que o Filho era designado como "primogênito de toda criatura" (1,15). Feuerbach ilustra, através dos objetos da consciência, a importância essencial da alteridade consubstancial para a existência do mundo: "O pensamento de um *outro em geral*, de um que seja *essencialmente outro*, surge em mim apenas através do pensamento de um *outro que me seja igual na essência* [...]. O eu tempera o seu olhar no olho de um você antes de suportar a vista de uma essência que não lhe reflete a sua própria imagem" (*GW* V, p. 165, trad. it., p. 98).

O você, condição para a relação com o mundo, induz a estabelecer a diferença na unidade original: "O diverso pode vir apenas de um princípio de diversidade, não de uma essência simples" (*GW* V, p. 167, trad. it., p. 100). Aqui, pode-se vislumbrar o princípio da dialética, mas a sua aplicação acontece através de uma recuperação da filosofia de Schelling, à qual se reconhece o mérito de não ter deduzido a natureza a partir da inteligência (*GW* V, p. 171, trad. it., p. 104). Na verdade, Feuerbach, já na juventude, tinha tido dúvidas sobre a possibilidade de deduzir a partir da lógica, por ele definida "virgem imaculada", a natureza (*GW* X, p. 155-156). Ele tinha, portanto, expresso perplexidade sobre o procedimento de Hegel e, em *Vorlesungen über die Geschichte der neueren Philosophie,** havia apreciado Schelling pela sua ideia de uma natureza presente em Deus e prioritária em relação à inteligência (FEUERBACH, 1974, p. 167).

É nessa direção que segue o capítulo "O segredo da natureza em Deus", que aproxima Schelling de Böhme. Ao primeiro, se reconhece o mérito de ter colocado em Deus como princípios, entre si não deriváveis, portanto absolutos, a luz e as trevas, a inteligência e a matéria. Essa polaridade, portanto, seria componente essencial da totalidade e deveria ser recuperada através da superação de todo ascetismo. A mensagem pode ser sintetizada assim: nenhum espírito sem natureza, nenhuma natureza sem corpo, nenhum corpo sem carne e sangue, nenhuma carne e sangue sem sexualidade (*GW* V, p. 171, 172, 174, 179, 188). "A diferença sexual [...] é *essencial*; penetra nos *ossos* até a *medula* [...]. A *personalidade* por isso não é *nada sem diferença sexual*; ela se distingue *essencialmente* em personalidade masculina e feminina" (*GW* V, p. 177-178, trad. it., p. 108).

* N.T.: Pelo que pesquisamos, este livro ficou em manuscritos e não chegou a ser publicado. Optamos por deixar o nome em alemão, apesar de no original estar em italiano.

Na polaridade entre natureza e espírito, porém, a primeira acaba por ter nestas páginas a prioridade. De fato, evocando o papel das representações confusas em Leibniz, Feuerbach sugere a gênese do conhecimento claro a partir de um estado confuso, assimilável à sensação e à matéria. A prioridade não parece só cronológica. Assim, a presença da natureza em Deus não é explicada apenas com o fato de que a natureza ou a matéria têm um fundamento em si mesmas, mas, aqui e ali, como sendo fundamentos do pensamento. "A natureza, a matéria não pode ser explicada e deduzida pela inteligência; mas é o *fundamento* da inteligência, o fundamento da personalidade; sem ter ela própria um fundamento; o espírito sem natureza é uma abstração irreal; a consciência se desenvolve apenas a partir da natureza" (*GW* V, p. 171, trad. it., p. 104). O corpo é definido "*o fundamento, o sujeito da personalidade*", e a diferença sexual, "a base da eticidade" (*GW* V, p. 177, 178, trad. it., p. 108, 109). A estas páginas se ligam aquelas que interpretam no sentido materialista a obra *Essência do cristianismo*. Não por acaso, o próprio Marx demonstrará apreciar em Feuerbach a recuperação do pensamento juvenil de Schelling (*GW* XVIII, p. 287). Todavia, o sistema idealista que se observa no discurso de Feuerbach sobre a consciência infinita do homem, sobre a sua preeminência e sobre a sua tarefa na história contrasta com esta interpretação. Neste capítulo mesmo, ao lado do modelo da prioridade atribuída à natureza ou à matéria, registra-se, como vimos, o outro modelo em que o espírito, a consciência e a personalidade representam um princípio indedutível.

Ainda mais que a Schelling, Feuerbach reserva louvores a Böhme, reconhecendo nele um grande senso da natureza e da beleza em suas mais diversas esferas. Em antítese a isso, ele coloca a doutrina da criação a partir do nada, que no capítulo sucessivo é criticada junto ao conceito da providência. De fato, naquele nada, do qual derivaria a natureza, ele vê afirmada a sua nulidade: "A existência do mundo é por isso uma existência momentânea, *arbitrária, não confiável*, ou seja, exatamente nada" (*GW* V, p. 191, trad. it., p. 118). A onipotência divina, da qual ela depende totalmente, acaba por estar a serviço do homem, do crente, ao qual apenas a providência olha, subordinando-lhe todo outro ente (*GW* V, p. 194-195, trad. it., p. 120-121). Essas críticas receberão uma importância ainda maior em *Essência da religião*. Elas se dirigem ao monoteísmo, considerado como a implantação de uma "ilimitada monarquia universal" (*GW* V, p. 192, trad. it., p. 119), que desvaloriza a natureza, sujeitando-a a desejos humanos. Enquanto Hegel havia visto na eliminação do caráter divino da natureza o princípio da civilização e liberdade humana, Feuerbach identifica ali o triunfo do egoísmo e da arrogância humana. Para ressaltar essa negatividade, dedica um capítulo ao "significado da criação no judaísmo", fazendo ressoar duros tons antijudaicos. Estando nas origens do monoteísmo, o judaísmo é contraposto ao politeísmo e ao paganismo. Enquanto estes favoreceriam a ciência e a arte, graças ao seu espírito teórico capaz de respeitar a autonomia da natureza, os israelitas desenvolveriam "apenas os sentidos gástricos" e olhariam para o ambiente apenas "com os olhos do *traficante de minerais* que calcula o seu lucro" (*GW* V, p. 209, 210, trad. it., p. 130-131). Graças ao Deus deles, que reduzia a natureza ao "produto de uma *palavra ditatorial*" (*GW* V, p. 211-212, trad. it., p. 132), podiam considerar a salvação de Israel como o fim supremo a que tudo devia ser sacrificado (*GW* V, p. 216, trad. it., p. 135). Nessa descrição dos judeus, Feuerbach sofre a influência de escritos fortemente antijudaicos difusos na época na Alemanha. Assim, se o objetivo principal é o monoteísmo, não deve ser subvalorizado o secundário, o do judaísmo. Na *Teogonia*, ele corrigirá essa sua posição e aproximará o mundo bíblico ao homérico, colocando-os nas origens da civilização humana.

Enquanto nos dois capítulos considerados a atitude prática em relação à natureza é criticada, nos dois capítulos sucessivos, dedicados à prece e ao milagre, ele expõe uma legitimidade ineliminável sua. Deus "é o *desejo* do coração *realizado*", "o optativo do coração humano", enquanto a natureza "não escuta" os seus lamentos e o mantém em um estado de dependência (*GW* V, p. 219, 220, 224, trad. it., p. 137, 140). A esse estado, o homem reage confiando a Deus, o seu "alter ego", os próprios "pensamentos *mais secretos*" (*GW* V, p. 225-226, trad. it., p. 141) e negando os próprios limites.

A negação por excelência dos próprios limites é representada pelo milagre, que demonstra uma estreita relação com o desejo, já que este "não se liga a nenhum limite, a nenhuma lei; é impaciente; quer ser satisfeito sem demora, no instante" (*GW* V, p. 232, trad. it., p. 145). Nesse sentido, todo desejo seria, segundo a expressão de Feuerbach, "sobrenaturalístico". Isso significaria, porém, reconduzir à natureza humana a aspiração à sua superação em uma esfera transcendente. Para evitar tal consequência, a negação absoluta e ilimitada da realidade é reconduzida à imaginação ou à fantasia (*GW* V, p. 233, trad. it., p. 146). Em antítese a esta, Feuerbach propõe a razão, a ciência, a cultura, que respondem ao desejo em modo gradual (*GW* V, p. 236-239, trad. it., p. 148-149). Assim ele prospecta, nos capítulos finais da primeira parte, o horizonte positivo da humanidade na direção do tempo e do espaço. "A *história da humanidade* não consiste de nada além de uma progressiva *superação dos limites* – limites que eram sempre considerados pelo tempo precedente como *limites da humanidade* e por isso *limites absolutos, insuperáveis*" (*GW* V, p. 267-268, trad. it., p. 168). Os limites valem apenas para o indivíduo, não para a humanidade, que, em seu avanço contínuo, demonstra a sua essência infinita. O círculo se fecha: aquele caráter infinito atribuído inicialmente à essência humana se demonstra agora no progresso incessante da história humana. Feuerbach faz referência ao progresso das ciências e da filosofia. Além da dimensão temporal, considera-se aquela, por assim dizer, espacial.

Tendo diferentes vícios e virtudes, os homens "se *compensam* portanto reciprocamente também no campo *moral*, como no físico e no intelectual, de forma que, tomados complexivamente em sua totalidade, são como devem ser, representam o homem perfeito [...]. Homem e mulher se corrigem e se completam reciprocamente para representar finalmente, assim unidos, o gênero, o homem perfeito" (*GW* V, p. 273, trad. it., p. 171). Enquanto a exaltação das ciências por parte de Feuerbach foi vista como um tributo ao positivismo, a da sociedade existente foi julgada a expressão de uma atitude pequeno-burguesa. O primeiro a apontar o dedo contra esse limite foi Max Stirner em *O único e a sua propriedade* (datado de 1845, mas lançado em 1844). Feuerbach redimensionou esses tons em *Essência da religião*.

d. *Segunda parte e conclusão*

A segunda parte de *Essência do cristianismo* denuncia as contradições da religião, mas sobretudo da teologia em sua tentativa de justificar racionalmente os conteúdos emocionais, sensíveis da religião. Assim, Deus, de objeto interior subjetivo, foi transformado em objeto existente em si, e os ritos simbólicos dos sacramentos se tornaram milagres capazes de transformar em efeitos sobrenaturais os elementos naturais como água, pão e vinho. O requisitório contra a fé, intolerante e inconciliável com o amor universal (*GW* V, p. 412-437, 446, trad. it., p. 260-275, 283), que teria tido a sua origem autêntica não no cristianismo, mas na filosofia estóica (*CW*, p. 437, 440, trad. it., p. 275, 277), caracteriza o último capítulo desta parte.

Na conclusão, Feuerbach retorna sobre o tema dos sacramentos, tentando reportar a simbologia deles aos efeitos naturais da matéria, ou seja, à virtude vivificadora da água ou à "*força sobrenatural do espírito*, da consciência, do homem", intrínseca no pão e no vinho (*GW* V, p. 452-453, trad. it., p. 286-287). A sua exortação é de restituir, além da rotina cotidiana, "ao quanto é comum um significado *não comum*, à *vida enquanto tal* um *significado* absolutamente *religioso*". Com esse tipo de invocação, conclui-se a obra: "*Santo* seja para nós, portanto, o pão, *santo* o vinho, mas *santa* também a água! Amém" (*GW*V, p. 454, trad. it., p. 288).

A conclusão foi ridicularizada pelo teólogo pietista Tholuck. O próprio Ruge lhe sugeriu de retirá-la na segunda edição (*GW* XVIII, p. 125, 128). Stirner, Marx e Engels também ironizaram, em seguida, o tom religioso perceptível na mensagem moral de Feuerbach. Ele, porém, manteve a conclusão e insistiu na necessidade de se recuperar a energia inerente à religião.

6. Por uma nova antropologia

a. *Tese preliminar para a reforma da filosofia*

Logo após o lançamento de *Essência do cristianismo*, Bruno Bauer publicou anonimamente o libelo satírico *A Trombeta do Juízo Final contra Hegel Ateu e Anticristo: Um ultimato*, em que remontava a Hegel a posição de Feuerbach. Como vimos, ficavam em sua obra elementos idealistas significativos. Porém, solicitado por essa interpretação, Feuerbach precisou o seu ponto de vista, radicalizando-o. A ocasião lhe foi oferecida pelo suspeito que havia sido divulgado, segundo o qual o libelo satírico havia sido escrito por ele. Em um ensaio publicado em fevereiro de 1842, ele sustentava que a sua obra não era consequência da filosofia hegeliana, mas vinha sim da "*oposição* a essa". Hegel, de fato, pertencia ainda ao "Antigo Testamento da nova filosofia" (*GW* IX, p. 229, 242). O filósofo idealista era criticado não apenas pela sua filosofia da religião, como havia acontecido em *Essência do cristianismo*, mas também pelo seu princípio fundamental, o infinito: "Hegel parte do *infinito*, eu, do *finito*; Hegel põe o *finito* no *infinito* [...]; eu, o *infinito* no *finito*" (*GW* IX, p. 231).

De tal modo, proclamava o rompimento com o mestre e anunciava uma nova filosofia: exatamente naquele momento, nos meses de janeiro e fevereiro de 1842, estava elaborando-a no texto que seria lançado no começo de 1843 com o título *Teses provisórias para a reforma da filosofia*. Este, por causa da censura, apareceria em uma miscelânea de intervenções críticas em relação à situação político-cultural. A intenção radical já fica evidenciada pelo título, que evoca o protesto de Lutero, e pelo termo "*Reformation*", que remete explicitamente à reforma protestante.

A inversão, já anunciada no esclarecimento sobre *Tromba del giudizio universal*, torna-se agora um significado central: "A tarefa da verdadeira filosofia é a de conhecer não o infinito como um finito, mas o finito como o não-finito – em outras palavras, de pôr não o finito no infinito, mas o infinito no finito" (*GW* IX, p. 249, trad. it., *SF*, p. 183). O significado dessa inversão se torna compreensível ao se considerar que o discurso feito anteriormente sobre a alienação religiosa é agora aplicado à filosofia. Da mesma forma que na religião, o sujeito isola de si os próprios predicados em um objeto que ele transforma no verdadeiro sujeito do qual depende, assim também na filosofia idealista o sujeito homem, o finito, se isola em um espírito que assume como o verdadeiro sujeito, como o princípio infinito. Daí a exigência de inverter a relação e partir do finito, reconhecendo nele o infinito.

À alienação é assimilada a abstração: "Abstrair quer dizer pôr a *essência* da natureza *fora da natureza, a essência* do homem *fora do homem*, a *essência* do pensamento *fora do ato de pensar*. A filosofia hegeliana *tornou estranho* o homem *a si mesmo*, enquanto todo o seu sistema se baseia nestes atos de abstração" (*GW* IX, p. 247, trad. it., p. 181).

O verdadeiro sujeito ao qual é preciso retornar é chamado por Feuerbach de o finito, o ser ou o homem (*GW* IX, p. 246, 249, 250, 258, trad. it., *SF*, p. 180, 183, 184, 193). A estes é reconduzido, em qualidade de predicado, o espírito ou a autoconsciência

(*GW* IX, p. 261, trad. it., p. 196). Isso significa, de um lado, não separar o homem com suas necessidades do seu pensamento, o coração da cabeça; de outro lado, valorizar nele a diversidade, mesmo antitética. "A nova filosofia é a *negação* tanto do *racionalismo* que do *misticismo*, seja do *panteísmo* que do *personalismo*, seja do *ateísmo* que do *teísmo*; ela é a *unidade de todas estas variedades antitéticas*, sendo uma *verdade absolutamente autônoma* e *direta*" (*GW* IX, p. 260, trad. it., p. 194). A inversão entre sujeito e predicado não deveria, portanto, comportar para Feuerbach uma redução do segundo ao primeiro. Apenas através do espírito, do pensamento, da arte, o homem compreende a si mesmo e se realiza. Entre sujeito e predicado, então, se põe a identidade dos diversos, uma relação dinâmica jamais concluída. "A consciência inequívoca, tornada carne e sangue, de que o homem seja o divino e o finito, o infinito é a fonte de uma nova poesia e de uma nova arte que superará em energia, profundidade e foco tudo o que houve até então" (*CW* IX, p. 248, trad. it., *SF*, p. 182).

Se o lema "um e tudo" tinha inflamado Hegel, Hölderlin e Schelling em Tubinga, agora Feuerbach afirma que é o homem o "um e tudo do estado". Na atividade política, ele realiza as suas "qualidades ou atividades essenciais". A "totalidade" do homem se explica, então, no Estado e é representada pelo "chefe do estado" (*GW* IX, p. 262-263, trad. it., p. 197-198). Poderia-se argumentar que a política deve substituir a religião, estabelecendo um tipo de totalitarismo.

A impressão poderia se confirmar com a leitura de um texto do mesmo período, não publicado então por Feuerbach e conhecido apenas recentemente por meio de Carlo Ascheri, com o título: *Necessidade de uma mudança*. Nele, proclama-se: "A fé é substituída pela incredulidade, a Bíblia, pela razão, a religião e a igreja, pela política; o céu, pela terra; a prece, pelo trabalho; o inferno, pela necessidade material; o cristianismo, pelo homem" (FEUERBACH, 1996, p. 124). Enquanto a fé, a *Bíblia*, a religião, o cristianismo, a Igreja, o Céu ou o Inferno parecem pertencer a um mundo já superado, a incredulidade, a razão, a política, o trabalho, a necessidade material caracterizam o homem. É um convite ao comprometimento terreno, mas recuperando as energias já presentes na religião. De fato, Feuerbach convida a "tornar a política religião por instinto, energia, veracidade", realizando a liberdade (*ibid.*, p. 125). Não se trata, portanto, de substituir uma subserviência por outra, mas de retomar em si aquela vitalidade que havia sido alienada na religião. Todavia, nesse texto o Estado assume as características da nova divindade. Diz-se, de fato: "O estado é o conjunto de todas as realidades, o estado é a providência do homem. No estado, um representa o outro, um integra o outro [...]. O estado é o homem infinitamente, ilimitadamente verdadeiro, perfeito, divino" (*ibid.*, p. 126). A partir dessa prerrogativa, Feuerbach deduz o seu direito à pena de morte, assim como a afirmação segundo a qual este é "a religião real ou realizada" (*ibidem*). Não tendo sido publicado por Feuerbach, o texto deve ser apreciado com prudência. Em todo caso, representa apenas uma posição de passagem. Em seguida, ele contestará abertamente ao Estado o direito de aplicar a pena de morte (*CW* XI, p. 102). Além disso, aqui também não se refere a qualquer Estado, mas apenas a um Estado republicado que responda às necessidades do homem e exprima suas qualidades.

Apesar deste texto, como as *Teses*, não ser imune à mistificação do Estado ou da comunidade política enquanto plena realização humana, é preciso, porém, sublinhar que a unidade de medida, o sujeito, permanece o homem. Exatamente porque este tem em si inúmeras potencialidades, Feuerbach logo se afastará de quem o enxergar plenamente realizado no Estado ou na política. A perspectiva antropológica proposta nas *Teses* se torna ainda mais importante nos *Princípios da filosofia do futuro*.

b. *Princípios da filosofia do futuro*

Publicados em 1843, também na Suíça e na mesma editora das *Teses*, os *Princípios* se colocam continuamente com o propósito já enunciado de delinear uma nova filosofia a partir do homem. Enquanto, porém, no texto precedente domina o tema da ruptura com a tradição anterior, e o apelo à mudança se traduz na ênfase sobre a esfera política, aqui, o esforço da elaboração teórica induz a reconhecer as relações com as filosofias precedentes e a assumir uma atitude mais destacada. Na verdade, o aumento da repressão com a subida de Frederico Guilherme IV em 1840 ao trono da Prússia havia impulsionado os intelectuais liberais não apenas a publicar no exterior, mas também a endurecer sua luta contra o regime. Em 1843, Ruge e Marx tentavam envolver Feuerbach em suas iniciativas jornalísticas, mas ele respondia afirmando que ainda não era o momento de passar "da teoria à práxis". Aliás, tal passagem aconteceria quando uma mesma ideia fosse encontrada "em muitas cabeças". Os melhores instrumentos eram os livros, enquanto os periódicos podiam ter apenas uma função acessória (*GW* XVIII, p. 272-274). Ele motivava a sua preferência pelo comprometimento teórico também com o juízo negativo sobre a situação contingente e com a esperança de um tempo melhor: "*Esta geração* e aquelas futuras saberão e dirão o verdadeiro e necessário melhor de nós" (*GW* XVIII, p. 274). A sua projeção ao futuro é expressa também pela referência no título à "filosofia do futuro". O filósofo não propõe um novo sistema, mas sim princípios para uma filosofia ainda a ser desenvolvida.

As etapas principais no caminho em direção à verdade que agora está se impondo são: a filosofia especulativa, o panteísmo e o idealismo. Diferentemente de *Essência do cristianismo*, que havia criticado a filosofia especulativa pela sua contaminação com a teologia, aqui essa é valorizada como passo em direção ao reconhecimento da humanidade. De fato, ela definiria

Deus com as propriedades da razão e, portanto, o identificaria com o pensamento (*GW* IX, p. 274-277, trad. it., *SF*, p. 209-212). Descartes e Leibniz deixariam subsistir ainda, ao lado dos predicados racionais, o sujeito-Deus, mas tal existência distinta era possível apenas para os entes empíricos, sensíveis (*GW* IX, p. 285-277, 294, *SF*, p. 209-211, 229).

O panteísmo, do qual o expoente principal seria Spinoza, definindo a extensão como um atributo divino, tornaria Deus "uma essência *extensa*", ou seja, "*material*". Nesse mesmo caminho, Schelling poria a natureza em Deus (*GW* IX, p. 295, 296, 296, 299, trad. it., *SF*, p. 220, 221, 231, 234). Segundo Feuerbach, o panteísmo seria um "*ateísmo teológico*", caracterizado ainda pelo conflito entre negação e conservação. Assim, a matéria em Spinoza ou a natureza em Schelling se manteriam uma essência metafísica, intelectual (*GW* IX, p. 285, 295-296, trad. it., *SF*, p. 220, 229-231).

O idealismo é visto como o êxito ao qual o panteísmo "conduz necessariamente" (*GW* IX, p. 289-293, trad. it., SF, p. 224-227). Por um lado, reconhece como verdadeiro sujeito absoluto o pensamento; por outro lado, porém, ele o enche de conteúdos empíricos. Tal ambiguidade se reflete na relação com a teologia. "O mistério da dialética hegeliana consiste, em última análise, apenas nisso, que Hegel nega a teologia com a filosofia e então a filosofia com a teologia". A sua filosofia representaria "a última tentativa grandiosa de restaurar com a filosofia o cristianismo perdido, passado", e levaria ao grau máximo, através de uma contradição extrema, a "contradição funesta de fé e incredulidade", fazendo do ateísmo um "momento" do processo divino (*GW* IX, p. 297, trad. it., *SF*, p. 232).

A ambígua relação com a teologia é assimilada àquela com a sensibilidade. De um lado, Hegel a nega através de sua tese de um início absoluto da razão mediante si mesma; de outro, ele se reapropria disso furtivamente, falando de "conceito concreto". Nesse sentido, ele deveria se chamado não de "Aristóteles alemão ou cristão", mas de "Proclo alemão" (*GW* IX, p. 311, trad. it., *SF*, p. 246). Assim como, de fato, os neoplatônicos tinham negado a sensibilidade, mas então haviam sido obrigados a reconhecer sua força nas especulações fantásticas deles, da mesma forma Hegel retoma o sensível negado. Por trás dessa crítica há o esquema crítico já utilizado por Feuerbach contra o ascetismo cristão, que nega os instintos do corpo, mas não os anula, aliás, reprimindo-os, reforça-os. Essa dinâmica, que será objeto de análises particulares por parte de Freud, é aqui ilustrada em relação a Hegel e ao seu estender-se em direção à realidade negada. Em relação a tal negação, Feuerbach faz valer a positividade da sensibilidade, reevocando a crítica de Kant ao argumento ontológico (*GW* IX, p. 303-304, trad. it., *SF*, p. 238-239).

Como já aconteceu na *Crítica da filosofia hegeliana*, Feuerbach reitera que é necessário partir não do ser pensado, mas do ser real. O primeiro corresponde à palavra, que é sempre universal, o segundo é "*inefável*", absolutamente individual (*GW* IX, p. 208, trad. it., *SF*, p. 243). Enquanto Hegel tinha pretendido apropriar-se deste último, atravessando os limites do pensamento (*GW* IX, p. 308, *SF*, p. 243), Feuerbach convida, por um lado, a valorizar a sensibilidade como esfera da individualidade e da instantaneidade; e, por outro, a redimensionar as pretensões da razão. A acessibilidade do ser a entes "*realmente existentes*" se dá na sensibilidade: "Apenas na sensação, apenas no amor o 'isto' [...] assume um valor infinito" (*GW* IX, p. 316, trad. it., *SF*, p. 252).

À mediação hegeliana, Feuerbach contrapõe a instantaneidade, representada como contato dos seres e vivida na sensibilidade ou no amor. "Verdadeiro e divino é apenas aquilo que *não tem necessidade de ser demonstrado*, aquilo que é *imediatamente certo mediante a si mesmo* [...] *absolutamente indúbio, aquilo que é claro como o sol*. Mas claro como o sol é apenas o sensível; apenas onde *começa a sensibilidade cessa toda dúvida e toda contenda*. O mistério do saber imediato é a *sensibilidade*" (*CW* IX, p. 321, trad. it., *SF*, p. 255). Enquanto Hegel havia reconduzido a instantaneidade sensível à mediação de si da razão, Feuerbach considera uma ilusão esta mediação de si e julga um círculo vicioso a suposta circularidade do pensamento. Ele remonta a outra coisa, à sensibilidade. A mediação conceitual se fundamenta em uma instantaneidade que tem um caráter sensível e ontológico. Para indicar que esta é o princípio fundamental e absoluto, Feuerbach a chama de divina. Precisa, aliás, que ela não é algo de indiferenciado ou de "prosaico", mas contém em si uma duplicidade de ação e passividade, subjetividade e objetividade (*GW* IX, p. 316-317, 325, trad. it., *SF*, p. 251-252, 259).

Reconectando-se a uma sólida tradição linguística, Feuerbach prefere falar de sensibilidade, em vez de sentidos, para ressaltar a unidade dessa faculdade cognitiva, que exprime o próprio homem e não capta apenas a exterioridade (*GW* IX, p. 323, *SF*, p. 258). Como demonstração de sua riqueza, ele invoca o exemplo da arte e da religião. "*A arte representa a verdade daquilo que é sensível* [...]. A intuição sensível, e não a representação, é a essência da religião cristã" (*GW* IX, p. 322, trad. it., *SF*, p. 257). Aquelas que, para Hegel, eram as duas formas do espírito absoluto, retornam aqui, mas são assimiladas entre si e invocadas para a exaltação da sensibilidade.

Poderia-se, porém, objetar que até os animais têm sentido. A isso, Feuerbach replica, reivindicado ao homem uma sensibilidade universal, não circunscrita a determinados objetos, não sujeita à necessidade: "O homem não tem o faro de um cão de caça ou de um corvo, mas só porque o seu faro, que se estende a todos os gêneros de odores, é uma sensibilidade livre, indiferente em relação a odores determinados". Ele pode, por isso, se elevar à contemplação do todo: "O sentido *universal* é *intelecto*, a sensibilidade *universal* é *espiritual*" (*GW* IX, p. 336, trad. it., *SF*, p. 271). O homem, portanto, se distingue dos animais não somente pelo pensamento, mas também pela sua sensibilidade. Aliás, aqui deve ser pesquisada a própria origem do pensamento.

À circularidade hegeliana se contrapõe a elipse com os seus dois focos. "O círculo é o símbolo, o emblema da filosofia especulativa, do pensamento que remete apenas a si mesmo [...]; a elipse é, em vez disso, o símbolo, o emblema da filosofia sensível, do pensar que invoca a intuição" (*GW* IX, p. 332, *SF*, p. 266-267). Essa polaridade dinâmica impede a construção de um sistema completo e permite apenas a exibição de fragmentos. O pensar deve "se interromper pela intuição sensível" (*GW* IX, p. 330, *SF*, p. 265). Daí o procedimento não sistemático tanto das *Teses* quanto dos *Princípios*. Todavia, não se renuncia à exigência da totalidade. Trata-se, porém, de uma meta à qual se tende em um movimento ininterrupto.

Em tal movimento, é atribuída uma função relevante ao tempo e ao espaço, que não são simples "formas fenomênicas", como havia afirmado Kant e reiterado Hegel, mas sim "*condições essenciais, formas da razão, leis do ser e também do pensamento* [...]. Apenas no espaço a razão se orienta. Onde estou? Este é o problema que a consciência se põe no ato de seu despertar" (*GW* IX, p. 326-327, *SF*, p. 261). "O único meio que consente *unificar sem contradição* em uma só e mesma essência determinações *opostas* e *contraditórias* – é o *tempo*" (*GW* IX, p. 329, trad. it., aqui modificada *SF*, p. 264). Sobre a função do tempo, como condição para a evolução e a mudança, Feuerbach insistirá até o fim e se valerá disso para rejeitar a ideia de que o caráter de um homem seja fundamentalmente imodificável.

Vice-versa, o espaço lhe sugere sempre a coexistência do multíplice e do outro. A relação do eu com o você caracteriza os últimos parágrafos dos *Princípios*. Evocando implicitamente uma objeção crítica voltada a Hegel, ele afirma: "A verdadeira dialética não é um monólogo do pensador solitário consigo mesmo, é um diálogo entre eu e você" (*GW* IX, p. 339, *SF*, p. 273). Martin Buber, ao delinear a sua visão do homem como ente dialógico, retomará esses passos. De fato, aqui se diz: "A *essência* do homem é contida apenas na comunidade, na *unidade do homem com o homem* – uma unidade que porém se fundamenta apenas na *realidade* da *diferença* entre eu e você" (*GW* IX, p. 339, *SF*, p. 272). O termo "comunidade" e a exigência de preservar a diferença entre indivíduos impedem qualquer exaltação do Estado no sentido absolutista e totalitário. Aliás, enquanto "o *filósofo absoluto*", evidentemente o idealista, representa o soberano que declara "la vérité c'est moi", o "filósofo humano" é "*homem com os homens*" (*GW* IX, p. 339, trad. it., *SF*, p. 273). Encarna, portanto, o ideal democrático.

À dualidade entre eu e você corresponde aquela de "cabeça e coração, pensamento e vida" (*GW* IX, p.

338, *SF*, p. 272). A plenitude das relações, seja com os outros, seja consigo mesmo, é definida como divina e é novamente aproximada da Trindade (*GW* IX, p. 339-340, *SF*, p. 273). Assumindo em si os conteúdos da religião e "o mistério da vida coletiva", a "nova filosofia toma o lugar da religião", "é na verdade ela própria *religião*" (*GW* IX, p. 340, *SF*, p. 273-274).

A evocação vibrante desse texto ao homem sensível teve uma forte repercussão não só sobre os jovens da esquerda hegeliana, como o próprio Marx e Max Stirner, mas também sobre literatos e artistas. O jovem Richard Wagner reconhecerá a sua dívida em relação a Feuerbach. A nova perspectiva antropológica se impunha em um momento de clara mudança e de rápida radicalização das posições. Ela, porém, logo acabaria por ser posta em discussão.

7. A essência da fé segundo Lutero

Em *Essência do cristianismo*, os teólogos protestantes haviam culpado, perante uma excessiva referência aos padres da Igreja e às confissões de fé primitivas, a escassa atenção à especificidade do protestantismo. Um dos primeiros comentadores, Julius Müller, havia-o culpado de julgar o protestantismo a partir dos pietistas. Feuerbach respondeu reafirmando o seu critério de buscar mais a essência unitária do cristianismo que as diferenças no seu interior (*GW* IX, p. 189-190). Tal essência devia ser buscada nas origens. Vice-versa, o protestantismo era contaminado pela Modernidade. Assim, enquanto "os Padres da igreja e os místicos tinham querido ser *apenas* cristãos, Lutero tinha sido cristão *e* homem" (*GW* IX, p. 205). Com maior rigor filológico, Zeller havia não só denunciado um uso pouco acurado dos textos documentários, que, como no caso de São Bernardo, continham obras espúrias, mas também ressaltado o esforço do protestantismo para retornar às origens (ZELLER, 1843, p. 363).

Evidentemente, algumas interpretações de Feuerbach, como a centralidade de Maria, a eficácia dos sacramentos, a importância do ascetismo, podiam parecer condicionadas mais pelo catolicismo que pelo protestantismo. Enfim, faltavam referências diretas às obras de Lutero.

Feuerbach tentou remediar essa lacuna na segunda edição de *Essência do cristianismo* (1843), adicionando nas notas e no apêndice amplas citações dos textos de Lutero. De tal modo, visava a demonstrar que a sua visão do cristianismo valia também para o protestantismo. Inegavelmente, porém, a abordagem direta a Lutero comportou uma identificação sempre mais profunda no grande reformador. Segundo o testemunho de um jovem admirador seu, Wilhelm Bolin, que se empenhou para a publicação de seus escritos, Feuerbach se comprazia em ser considerado um segundo Lutero.

Como vimos, já nas *Teses* ele reconduzia à reforma protestante o seu chamado para a mudança radical. Se

Lutero não havia escondido em seus discursos o seu ser homem, isso representava uma chave importante. Ao instrumentalizar a humanidade, podia cumprir a obra de emancipação. Exatamente nos anos quarenta, o amigo e colaborador de Feuerbach, Arnold Ruge, havia contraposto a reforma protestante da Alemanha setentrional à repressão católica da Alemanha meridional, evidenciando os valores de liberdade inerentes àquela. Feuerbach, em uma carta endereçada a ele, havia anunciado o seu próximo livro sobre Lutero como o esforço para retornar à inspiração original, ao "princípio", à "grande ação na história universal". O seu trabalho visava a oferecer "os princípios práticos da filosofia do futuro" de modo que a crítica da religião se tornasse "verdade imediata, universal, popular" (*GW* XVIII, p. 338-339). O próprio Marx precisou confiar nos possíveis efeitos desse texto, ele que, nos meses de agosto, setembro e outubro de 1844, publicou vários de seus trechos em Paris, na *Vorwärts*. De fato, o motivo inicial é dado pela profunda necessidade de emancipação (*GW* IX, p. 358).

A obra saiu em junho de 1844 com o título *A essência da fé segundo Lutero: Uma contribuição à "Essência do cristianismo"*. Na verdade, em seguida ele precisou que era bem mais do que uma contribuição à obra anterior, mas que tinha um "significado independente": retirava-se o filósofo e surgia o homem (*GW* X, p. 188).

O autor se encontra plenamente de acordo com Lutero ao afirmar a centralidade do Cristo e da encarnação: o Deus em si se torna Deus "para nós" (*GW* IX, p. 364-365). Tal dinamismo se concentra sobre a radical disparidade entre a *nulidade* do homem e a *essencialidade* de Deus ou entre a *inumanidade* e a *humanidade* da religião (*GW* IX, p. 354, 360). Feuerbach encontra abundantes provas nos textos de Lutero em que é descrito o homem pecador que perdeu a liberdade e a razão justa. Entre o homem e Deus, estabelece-se uma oposição diametral que constitui o horizonte de um *aut aut* sem meio-termo.

Para Feuerbach, tal oposição é típica da necessidade. Na fome, o homem percebe fisicamente a própria nulidade, "todas as suas forças lhe faltam, o seu ânimo cede, a sua confiança em si mesmo desaparece". "Desesperado, exclama: ah! Como é exatamente nada o homem sem comida" (*GW* IX, p. 361). Essas tônicas podiam ser apreciadas no momento em que se começava a chamar a atenção sobre a fome dos proletários e a ressaltar a urgência de uma resposta. De fato, Feuerbach abre a uma perspectiva positiva: a fome torna a comida saborosa. A negação do homem antecede a sua afirmação, segundo uma tese já amplamente exposta em *Essência do cristianismo*. "Lutero é inumano em relação ao homem porque tem um *Deus humano*" (*GW* IX, p. 362). E este Deus se faz homem.

A necessidade é uma negatividade que é negada. Deus representa tal negação que se faz evento na incarnação. Enquanto objeto de consciência, a necessidade se torna desejo e vê intervir a imaginação, como se vê nos contos de milagres. "Toda aspiração, todo desejo tem algo contra si, de fato eu desejo que algo que é *não* seja e, vice-versa, que uma outra coisa que não é seja [...]. Todo desejo quer fazer do ser um não ser e do não ser o ser". Feuerbach retoma o que já havia escrito sobre milagre, mas insiste em sua ligação com a tensão dialética do desejo. Como ele é negação do limite, encontra na onipotência divina a sua plena expressão. "*A essência do desejo em geral* é por isso expressa liberamente e incondicionalmente apenas na essência da onipotência. A onipotência pode aquilo que eu apenas desejo, aquilo que eu apenas me represento [...]. *Ilimitado poder* supõe *ilimitado desejar*" (*GW* IX, p. 373). Com uma força ainda maior, repropõe-se o problema já tocado em *Essência do cristianismo*: se o desejo é negação dos próprios limites, da própria realidade, não se torna natural desejar o absoluto, o infinito? De resto, nessa mesma página, Feuerbach afirma que o "desejar humano ultrapassa os limites da natureza e da razão" (*ibidem*). Em seguida, porém, tenta novamente evitar tal consequência, distinguindo entre os desejos "ligados a objetos determinados, reais, a escopos e fins humanos" e aqueles induzidos pelo cristianismo, que seriam "sobrenaturais" (*GW* IX, p. 404). Aquela natureza que antes era negada, agora torna a ser o critério de distinção, e aquilo que a ultrapassa pode ser atribuído à imaginação. O problema, no entanto, não está totalmente resolvido.

Isso é evidente ao tratar um conceito que, de agora em diante, terá um papel importante, o do instinto de felicidade. De um lado, ele vai sempre além dos objetos individuais e não é nunca inteiramente satisfeito; de outro lado, não deve se desvincular da realidade, tornando-se puramente ilusório. "Deus [...] não é nada além de *o instinto de felicidade* satisfeito [...]. Mas o que é o teu desejo, a tua aspiração? Liberdade de todos os males [...], liberdade da morte [...], liberdade dos limites da natureza; em *uma* palavra: *bem-aventurança*". Esta bem-aventurança, para que não seja "um simples pensamento privo de consolação, uma esperança sem objeto", torna-se com Deus um "*ente real*" (*GW* IX, p. 403). Feuerbach revisita vários passos das obras de Lutero que fundamentam sobre a ressurreição de Cristo a certeza na salvação. Ela responde ao instinto de felicidade, mas se trata de um instinto "desvinculado de todas as matérias determinadas, de todos os objetos determinados da realidade, sobrenatural" (*GW* IX, p. 404).

A relação entre desejo e realidade, onipotência e natureza, induz Feuerbach a mencionar o contraste entre o sentimento de dependência e o senso de si, anunciando uma "discussão particular" que será dedicada a este assunto (*GW* IX, p. 408). Trata-se da *Essência da religião*.

A insistência de Lutero sobre o fazer-se sensível de Deus leva Feuerbach a evidenciar os efeitos benéficos da sensibilidade não apenas na esfera física, mas também na esfera moral. "Apenas um ente sensível é um ente capaz de tornar feliz e de apaziguar, um ente *benéfico*" (*GW* IX, p. 377). "Os sentidos purificam e liberam cabeça e coração." A representação torna "misantropos", a intuição sensível, "amigos do homem"

(*GW* IX, p. 378). Com base nisso, Feuerbach articula de forma embrionária o princípio de sua visão moral: "Aquilo que para o outro é um *benefício* (*Wohltat*) é em relação a mim, o benfeitor, uma ação moralmente *boa* (*gute*)" (*GW* IX, p. 368). O bem-estar sensível proporcionado aos outros é, para quem o faz, um bem moral. "A bondade não é, portanto, uma propriedade fixa, mas sim fluida, transitória. Ser bom significa amar" (*ibidem*). Para querer o bem-estar do outro, é preciso, porém, conhecê-lo e apreciá-lo em si mesmo. O amor do outro implica o amor de si.

Essa consequência que será desenvolvida nos textos do fim da maturidade, em polêmica com Schopenhauer, é aqui enunciada através do discurso da fé. Enquanto na *Essência do cristianismo* a fé era contraposta ao amor enquanto apego a si e à própria particularidade, agora ela é definida "a raiz do amor" (*GW* IX, p. 393). De fato, aqui aparece não como aceitação de uma doutrina, mas como "confiança": "a confiança desperta o amor" (*ibidem*). Se Lutero, nos passos de Paulo, explicou que ela é fundamento da esperança e perspectiva voltada ao futuro, Feuerbach explica: "A fé é a convicção de que, por toda a parte, o bem não sucumbirá ao mal, mas o mal, ao bem [...]. A fé não se abandona, como a incredulidade, ao poder da polícia e do patíbulo [...], abandona-se apenas à própria *causa* justa e boa; por isso, mesmo acorrentada, é certa de sua vitória" (*GW* IX, p. 394).

Essa certeza é amor de si: "Na fé, eu sou ente *absoluto*, sou fim em si (*Selbstzweck*)" e experimento a bem-aventurança de ser amado. Graças a esse sentimento, posso me transformar em ente "*relativo*", "meio" para o outro (*GW* IX, p. 401). Feuerbach era consciente de ter aqui valorizado como novo tema o amor de si (*GW* XVIII, p. 315, 232). Ele o fez sob o signo de Lutero, que havia insistido no eu justificado no ato de fé.

A apreciação pela energia do grande reformador o induziu a reconhecimentos importantes, como a centralidade de Cristo, o dinamismo inato da negação da negação, a potência do desejo, o valor moral da sensibilidade, a confiança no futuro e em si mesmo. Pode-se também objetar que esses temas sofrem uma inflexão naturalista. O "*aut aut*" de Lutero é interpretado através da necessidade; a fé em Cristo, através da confiança em si.

Enquanto para Lutero valiam "só Deus", "só Cristo", "só a Escritura", "só a palavra", "só a fé", para Feuerbach tudo é reconduzido ao homem. O tema da cruz desaparece. Em todo caso, o encontro direto com as obras de Lutero o levou à correção de posicionamentos precedentemente sustentados e à enunciação de temas e problemas destinados a aprofundamentos posteriores.

8. *Essência da religião*

a. Gênese da obra

A obra anunciada já em *Essência da fé segundo Lutero* saiu apenas na primavera de 1846 na revista *Epigonen*. Foi, portanto, o resultado de uma longa elaboração, como demonstram os amplos estudos preparatórios e a redação provisória (para a documentação, nos referimos a TOMASONI, 1986). Ela comporta uma mudança decidida de perspectiva, devida seja à evolução interna do pensador, seja às críticas levantadas contra *Essência do cristianismo*.

Quanto mais Feuerbach se afastava do idealismo nas *Teses* e nos *Princípios*, tanto mais se tornava discutível a afirmação segundo a qual a essência ou o gênero humano são infinitos. Estes, em relação aos indivíduos de carne e osso, não eram abstrações, ou seja, conceitos gerais ou ideais morais? Como vimos, já em *Essência do cristianismo* se podia observar um duplo nível de discurso: um, prevalente nos dois capítulos introdutórios, de caráter essencial; outro, recorrente na primeira parte da obra, de caráter existencial. De um lado, a essência humana, dotada de determinadas propriedades e captada na autoconsciência, revelava-se como infinita. De outro lado, o gênero humano, não sendo mais circunscrito a um só indivíduo, a um só lugar ou tempo, tinha diante de si infinitas possibilidades de realização, preenchendo as lacunas particulares. Isso acontecia com o progresso humano. Se no primeiro significado era perceptível a influência idealista, também no segundo significado era fácil compreender que aquela infinita realização do gênero humano sempre diria respeito a um futuro jamais alcançado.

Quando quer que faltasse a contraposição entre o gênero humano infinito e o indivíduo finito, o processo de alienação em Deus também devia ser explicado diversamente. De onde surgia a necessidade de externar as próprias qualidades em Deus?

Nesse meio tempo, tinham-se multiplicado as críticas também por parte de quem havia compartilhado dos seus objetivos. Stirner, que inicialmente havia apreciado a *Essência do cristianismo* e os *Princípios*, em *O único e a sua propriedade* evidenciou o legado do idealismo e do cristianismo, persistente no pensamento de Feuerbach. Aliás, denunciou sua intenção de mantê-lo: "Feuerbach, com a força do desespero, agarra todo o conteúdo do cristianismo não para jogá-lo fora, mas para segurá-lo em si, para arrancá-lo do seu céu com um último esforço, depois de tê-lo por muito tempo cobiçado, sempre distante, e mantê-lo sempre consigo" (STIRNER, 1845, p. 43-44). Sendo subordinado ao gênero humano, o indivíduo em carne e osso era esmagado por uma universalidade (*ibid.*, p. 51, 52-57, 351, 379, 416). Ao contrário, os predicados divinos deviam ser reivindicados ao eu como sua propriedade, não ao homem (*ibid.*, p. 153, 182, 208, 226, 477). Feuerbach rejeitou o conceito de um indivíduo que subordinava tudo a si como um novo Deus e insistiu na ligação ontológica e moral com o outro e com a comunidade (*GW* IX, p. 427-428, 433-435), mas reconheceu a fundamentação das críticas ao predomínio dos conceitos abstratos (*GW* XVIII, p. 417-418).

Bruno Bauer também se juntou a Stirner contra Feuerbach, acusando-o de ter mantido "este homem teologizado e este espectro de natureza". A sensibilidade proclamada por ele era "um lado da substância spinoziana" e os indivíduos eram submetidos ao gênero humano (BAUER, 1845, p. 126, 127-129). Enquanto Hegel havia unido em identidade dialética sujeito e substância, Feuerbach havia se agarrado à segunda, caindo no misticismo. De resto, já em *Pensamentos sobre a morte e a imortalidade*, Bauer via o prevalecimento da substância em um pressentimento místico (*ibid.*, p. 86-91, 95-96).

Mesmo de uma perspectiva diversa, Engels e Marx também subscreveram o ataque de Stirner contra o conceito feuerbachiano de homem enquanto "envolvido por uma auréola teológica de abstração" (*MBW* [*Marx-Engels Werke*] XXVII, p. 11-12, 14).

Uma posição singular foi expressa por um velho amigo de família, Georg Friedrich Daumer, que Feuerbach quisera honrar com uma crítica a um livro seu, mas que com esta acabara por irritá-lo. Daumer contestou a pretensa superioridade do homem sobre os animais e viu ali o reflexo de uma atitude violenta contra a natureza. Por isso, uma moral fundada sobre tal princípio era "diabólica" (DAUMER, 1844, p. 8-9, 14, 18-20).

Essas e outras críticas não deixaram Feuerbach indiferente e ele seguiu um caminho próprio. De um lado, abandonou a ideia de um gênero humano infinito, contraposto ao indivíduo; de outro, se voltou à natureza, tentando superar uma perspectiva antropocêntrica.

Entre os estudos conduzidos durante a preparação da *Essência da religião*, podemos identificar principalmente três. O primeiro fala de um tratado sobre a Trindade de Denys Petau. Nele, o teólogo setecentista evidenciava tanto as relações internas do amor das pessoas divinas quanto as relações com a história humana, antecipando aquela visão da Trindade econômica que retornaria no mestre de Feuerbach, Karl Daub. Nas grossas páginas de apontamentos, Feuerbach parece querer preencher a lacuna de *Essência do cristianismo* sobre o Espírito Santo, apreciando-o como ligação de amor entre Pai e Filho. Ele volta a utilizar o dogma trinitário como ensinamento sobre o significado do homem e da natureza. A anterioridade da geração do Filho em relação à criação do mundo levará Feuerbach, em *Essência da religião*, a exaltar o supremo ato de amor em que se doa a vida e se subordina a própria existência àquela do filho: "Gerar significa abrir mão de si, tornar-se comum, perder-se na multidão, sacrificar a outros entes a própria unicidade e exclusividade" (*GW* X, p. 23, trad. it., p. 59-60). Um segundo estudo se concentrou em *Sistema intelectual* de Ralph Cudworth, um platônico de Cambridge que viveu no século XVII. Ele havia conduzido uma forte polêmica contra o materialismo de Hobbes, afirmando a impossibilidade de derivar os fenômenos espirituais da matéria. Ao contestar a explicação mecanicista dos fenômenos naturais, ele sustentava que a vida e a sensação exigiam um princípio próprio, uma natureza plástica, imersa na matéria, mas distinta desta, que guiava infalivelmente os processos da natureza. A este conceito, Feuerbach dedicou uma atenção particular em seus apontamentos.

Um terceiro gênero de estudos se voltou ao novo mundo, ou seja, às religiões dos primitivos, os empreendimentos dos colonizadores e as novas descobertas científicas. Ao lado de obras gerais sobre os povos e sobre as religiões do mundo, ele leu e fez apontamentos em um diário informativo, "Das Ausland [O exterior]", que continha muitas histórias de exploradores, missionários e jornalistas. Ali, Feuerbach observou como os deuses mais venerados eram os temidos e como atrás do medo se escondia o sentido de fragilidade e de dependência radical da natureza. A respeito disso, se concentrou nos sacrifícios que em sua crueldade exprimiam a desesperada tentativa de aplacar divindades hostis, mas também de se liberar do senso de culpa em relação à natureza ofendida. Sobre isso, pôde registrar a familiaridade que os chamados primitivos tinham com os animais.

Ao contrário, pôde examinar as justificativas adotadas pelo colonialismo para os próprios empreendimentos violentos em nome de finalidades aparentemente nobres. Aliás, observou como o próprio racismo se cobria de cientificidade e delineava uma história da civilização humana em função da vitória dos brancos. Enfim, leu e transcreveu uma página importante de *Viagem de um naturalista ao redor do mundo*, de Charles Darwin, na tradução de Ernst Dieffenbach. Naquela página, já se perfilava a teoria da seleção natural com base na correlaçao entre condições ambientais e formas de vida. A perspectiva aberta à cultura e às religiões dos chamados primitivos, o olhar desencantado em relação à civilização imposta com violência, a atenção à ciência, mas também o reconhecimento de seus limites e da possibilidade de uma utilização sua para objetivos alheios caracterizam a *Essência da religião*, exatamente graças a esses estudos.

b. Entre a redação provisória e a definitiva

Mais que a redação definitiva, a provisória colocou em relevo a dramaticidade da situação humana, caracterizada por uma dependência em relação à natureza que se tenta, em vão, superar. Assim, na religião natural, o homem "abraça uma estátua como se fosse a pessoa amada, um cadáver como um ser vivo", "faz de tudo para conseguir *escuta*", mas lhe retorna apenas o eco de suas palavras. "Sacrifica a vida para vivificar a natureza, sacrifica todos os sentimentos para torná-la sensível em relação a ele, arranca o coração do corpo de seus filhos para vencer a sua falta de coração, inflige a si mesmo todo mal e toda dor para torná-la benigna, mas ela continua fria e imperturbável diante da morte; todos os sacrifícios desaparecem em fumaça e vento" (FEUERBACH, 1986, p. 257). A desumanidade de certos sacrifícios seria então explicável com o esforço desesperado para tornar humana a natureza desumana. Na versão definitiva, reitera: "Ele [o homem] sacrifica os seus sentimentos a um ente que é, em si, insensível [...] recorre aos meios mais desesperados e mais absurdos, não se deve surpreender se ele se desumaniza para tornar humana a natureza, se ele derrama até sangue humano para inspirar nela sentimentos humanos [...]. Mas todas as tentativas de dar vida são inúteis: a natureza não responde aos lamentos e às perguntas do homem, repele-o implacavelmente em si mesmo" (*GW* X, p. 40-41, trad. it., p. 79-80).

A relação com a natureza implica uma assimetria radical: o homem não pode subsistir sem a natureza, e esta, por sua vez, não tem necessidade dele. O homem apresenta suas exigências, mas não encontra resposta. "O sentimento de dependência do homem é o *fundamento* da religião" (*GW* X, p. 4, trad. it., p. 39). Antes do processo de alienação há, portanto, um sentir comum a todo homem, uma passividade conexa ao nascimento, à vida e à morte. Sob esse ponto de vista, Feuerbach admite a naturalidade da religião. Antecipando as interpretações dos antropólogos, ele explica os ritos das primícias com o senso de culpa pelo consumo da natureza: "Tudo aquilo que é, é autorizado a existir, tem tanto direito quanto eu; tirando da árvore os seus frutos, eu a roubo, faço um ultraje a ela [...]. Roubando o fruto da árvore, eu lhe inflijo dor. Para consertar esta dor, para aplacar a minha consciência e portanto o próprio objeto, eu dou a mim mesmo uma dor; eu interrompo o meu prazer, restituo ao objeto algo de seu" (FEUERBACH, 1986, p. 235). Na redação definitiva, reitera: "Para aplacar a sua consciência, além do objeto que, em sua representação, ele ofendeu, para mostrar-lhe que se apossou dele por necessidade e não por arrogância, o homem se diminui seu prazer, restitui ao objeto alguma coisa da propriedade que era sua e que lhe foi subtraída" (*GW* X, p. 33, trad. it., p. 70).

Natural não é apenas o sentimento de dependência, mas também a objetivação de si em um ente que seja semelhante. Na redação provisória, dizia: "A alegria [...] se transforma em reconhecimento [...], vivifica o objeto; aperta-o em seu seio, transfigura-o, diviniza-o; a sensação transborda, comunica-se, torna-se interior ao objeto" (FEUERBACH, 1986, p. 184-185). Na redação definitiva, explica que tal objetivação é favorecida pela "mutabilidade da natureza", que, por um lado, "torna o homem instável, humilde, religioso" e, por outro, parece quase devida ao arbítrio e à livre vontade (*GW* X, p. 31-32, trad. it., p. 68-69).

Da mesma forma que para o homem é natural procurar um ente semelhante a ele, assim também o é o esforço para afirmar a própria liberdade. "Na base do sacrifício está o *sentimento de dependência* [...], mas o resultado, a finalidade do sacrifício é a *confiança em si mesmo*" (*GW* X, p. 34, trad. it., p. 71). Feuerbach assume posição em relação aos dois pensadores presentes na Universidade de Berlim durante a sua formação, e claramente opostos entre si: o teólogo protestante Friedrich Schleiermacher e o filósofo Hegel. O primeiro explicava a religião partindo do sentimento de dependência do homem a respeito da totalidade absoluta; o segundo, da aspiração à liberdade, realizável com o conceito. Enquanto na juventude Feuerbach se manteve distante do teólogo, começou a reavaliá-lo na medida em que descobria na base da religião o sentimento, como aparece no prefácio da segunda edição de *Essência do cristianismo* (*GW* X, p. 24, trad. it., p. 21). Tal sentimento se torna, na *Essência da religião*, sentimento de dependência. Com Hegel, ao contrário, Feuerbach continua a sustentar que a direção da civilização é voltada à liberdade. Daí a personificação dos entes naturais, dos quais depende o homem. Tal processo alcança seu ápice com o monoteísmo.

Assim como Hegel, Feuerbach também vê uma correspondência entre a evolução da civilização e a das religiões. Na redação provisória, ele faz menção à associação em comunidades, à fundação de cidades, ao desenvolvimento da agricultura, que haviam conscientizado os homens sobre suas potencialidades e os havia transformado de entes meramente físicos a entes políticos (FEUERBACH, 1986, p. 265, 267). De forma análoga, também as divindades tinham se tornado tais. Com o monoteísmo, a natureza estava plenamente submissa e o Deus criador respondia inteiramente aos desejos humanos. Na redação definitiva, diz: "Quando o homem se eleva com vontade e inteligência acima da natureza e se torna sobrenaturalístico, então também Deus se torna um ente sobrenaturalístico" (*GW* X, trad. it., p. 88). Todavia, tal transformação é em função do homem: "O *início* da natureza é colocado em Deus, apenas lá onde o *fim* dessa é colocada no homem" (*GW* X, p. 51, trad. it., p. 91).

Nesta página, a ambiguidade da transformação é expressa pelo fato de que o homem seria a finalidade, mas também o fim da natureza.

De um lado, Feuerbach subscreve com Hegel o fato de que o monoteísmo acompanhou o progresso dessacralizando a natureza, que foi reduzida a um meio da atividade humana. De outro lado, não esconde a prepotência que tal processo comportou. Já em suas leituras sobre o colonialismo e sobre o racismo, ele havia notado como a visão finalística, com base na qual a natureza e a história humana deviam tender à difusão da civilização ocidental, acabava por justificar a violência.

Agora, na *Essência da religião*, ele denuncia uma concepção que pretende subordinar a natureza aos escopos humanos, o conjunto das culturas a apenas uma. Assim, ele conclui a sua crítica à filosofia da história de Hegel, retificando uma posição sustentada por ele mesmo em *Essência do cristianismo*. O confronto entre o oriental e o ocidental é significativo: "Como se explica que o Oriente não tenha uma história tão viva e animada como o Ocidente? Porque no Oriente o homem não se esquece, pelo homem, da natureza, não se esquece, pelo esplendor do olho humano, o esplendor das estrelas e das pedras preciosas [...]. Em relação ao ocidental, o oriental está na situação do habitante do campo em relação ao da cidade. O primeiro depende da natureza, o segundo, do homem; o primeiro se orienta com base nas indicações do barômetro, o segundo, no andamento da Bolsa; o primeiro, com base nos signos do zodíaco, que se mantêm sempre iguais a si mesmos; o segundo, com base nos signos sempre mutáveis da honra, da moda e da opinião" (*GW* X, p. 46, trad. it., p. 85). Feuerbach reconhece que é o ocidental quem faz a história, mas nesta percebe futilidade e violência. A liberdade buscada não pode se cumprir totalmente, já que a dependência jamais poderá ser totalmente transformada no absoluto senhorio do homem.

O discurso também tange a ciência e as suas pretensões. Como vimos, desde *História da filosofia moderna* Feuerbach havia insistido no valor da ciência e havia feito disso a característica saliente do mundo moderno. Porém, havia também se concentrado no uso "teleológico" da ciência com fins de exaltação de uma determinada civilização. A exortação para que a ciência seja consciente dos próprios limites se expressa aqui em termos kantianos. Como todo saber se vale de uma linguagem humana e de metáforas retiradas da nossa experiência, ele não pode captar a natureza em si, mesmo que seja este o seu objetivo: "A natureza é concebida apenas mediante a si mesma; ela é o ente cujo 'conceito não depende de nenhum outro ente'; é apenas a ela que pode ser aplicada a diferença entre aquilo que uma coisa é *em si* e aquilo que ela é *para nós*" (*GW* X, p. 61, trad. it., p. 101). O paradoxo da situação é claro para Feuerbach, que conhecia bem as objeções à "coisa em si" de Kant. Por um lado, ele havia apreciado, desde a juventude, o lema de Bernardino Telesio segundo o qual era necessário captar a natureza "segundo os próprios princípios"; de outro lado, agora percebe que a necessidade da natureza "não é humana, não é, portanto, lógica, metafísica ou matemática, não é, em geral, abstrata" (*ibidem*). De um lado, a ordem natural "para o homem é a razão"; de outro lado, "nós comparamos as suas manifestações com manifestações humanas análogas", mesmo se não se possa e nem se deva aplicar nenhum "critério humano". Surgem, assim, os conceitos de "ordem", "fim", "lei" (*ibidem*).

Os críticos se voltaram a esse paradoxo, em particular Rudolf Haym, que lhe acusou de ter novamente criado um abismo entre a natureza e o homem e isolado este último em sua subjetividade. Na verdade, nas palavras humanas era a própria natureza a falar (HAYM, 1847, p. 21). Feuerbach respondeu reafirmando a relação assimétrica entre o homem e a natureza, mas, ao mesmo tempo, atribuiu ao conhecimento humano um certo grau de objetividade. De fato, o homem, enquanto parte da natureza, podia legitimamente "traduzir" as experiências vividas. Reevocando os termos já adotados em *Essência da religião*, precisou: "'Ordem', 'fim', 'lei' são palavras com as quais o homem traduz em *sua* linguagem as obras da natureza" (*GW* X, p. 345). A tradução, porém, mantinha sempre em si algo de subjetivo e de provisório. Daí a tarefa inexaurível das ciências, que não podiam jamais pretender ter alcançado a verdade absoluta e definitiva.

Essa convicção se reverbera no próprio uso dos conceitos adotados em *Essência da religião*. Ele afirma que são gerados "os elementos ou as essências que estão na base da natureza", que "gerada é a matéria", mas no mesmo parágrafo deixa entender que trata-se de abstrações, porque "ter origem significa individualizar-se" e as essências privas de individualidade não existem (*GW* X, p. 22, trad. it., p. 59). Então aquela natureza posta como princípio também é uma abstração? A esse propósito, Feuerbach adiciona na redação definitiva a nota: "Para mim 'natureza' – exatamente como 'espírito' – não é nada mais que um termo geral para distinguir entes, coisas, objetos, que o homem diferencia de si e de seus produtos" (*GW* X, p. 4, trad. it., p. 39). Se, porém, a natureza fosse uma simples abstração humana, todo o discurso desenvolvido por Feuerbach sobre a dependência se resolveria em um círculo vicioso.

A gênese de *Essência da religião*, através da redação provisória, mostra que por trás do termo abstrato está a experiência existencial do homem e que ele é o correlato objetivo da dependência por ele vivida a partir do nascimento. "Ter religião significa, neste sentido: pensar no próprio fim, sentir e saber ser um ente finito" (FEUERBACH, 1986, p. 177). Essa afirmação, contida nas primeiras frases da redação provisória, permite captar um fio condutor na produção de Feuerbach. A finitude, antes atribuída ao indivíduo em relação ao espírito ou ao gênero humano, agora é reconhecida ao homem em geral em sua relação com a *physis*, com as condições de seu existir.

9. *A questão da imortalidade*

A *Essência da religião* representou para Feuerbach uma novidade tal a ponto de constituir a base das obras sucessivas. Em 1847, ele publicava *A questão da imortalidade do ponto de vista da antropologia*, voltando ao argumento que havia tratado em seu primeiro período idealista. Agora não se atribuía mais a imortalidade ao espírito, nem ao gênero humano. A tensão em relação a um futuro melhor devia se traduzir no comprometimento para aliviar os sofrimentos dos oprimidos, não na espera por um além (*GW* X, p. 293). O limite ontológico da humanidade se tornava exortação a aceitar a morte natural, que era um evento normal. Enquanto esta, por si, não era um "mal", a que provinha da miséria e da brutalidade o era (*GW* X, p. 214, trad. it., p. 64). A ciência e a sociedade tinham, portanto, a tarefa de remover as causas contingentes de morte, não de confrontar a sua raiz essencial, devida à finitude humana.

De novo, volta aqui a questão do desejo de imortalidade. Este é explicado com a imaginação, que opera em uma direção dupla: de um lado, esta faz com que o vivente estenda além de qualquer limite a confiança na própria sobrevivência; de outro lado, preenche de terror a perspectiva da morte. Como Lucrécio, Feuerbach também tenta afastar as imagens sombrias, insistindo no fato de que se trata de um fenômeno natural, que chega progressivamente e, frequentemente, coloca fim aos tormentos (*GW* X, p. 220, trad. it., p. 71-72). Em relação aos tons dramáticos de *Essência da religião*, prevalecem aqui os tons conciliatórios perante a natureza, enquanto o mal é visto sobretudo na esfera humana como efeito das injustiças ou como situação a ser removida. Com esse fim, Feuerbach alude à "cooperação dos homens", ativa na arte e na ciência. O cientista pode se satisfazer com o pensamento de que um problema para ele insolúvel será resolvido por quem virá depois (*GW* X, p. 269-270, trad. it., p. 135-136).

Feuerbach dedicou à ciência uma atenção particular em uma crítica ao livro do fisiólogo holandês Jakob Moleschott sobre a alimentação. Nela, usa a frase que provocou escândalo e sarcasmo: "O homem é (*ist*) aquilo que come (*ißt*)". Ele compartilhava com Moleschott a ideia de que a alimentação seria importante para as próprias condições sociais, políticas e culturais de um povo e chegou a afirmar que seria a "base da sabedoria e da virtude" (*GW* X, p. 368, trad. it., p. 145). Todavia, também estava convencido de que a ela o homem conferia seus próprios significados. Se, então, ao comer, o homem objetivava a si mesmo, isso acontecia não porque ele fosse simplesmente um conjunto de elementos químicos, mas porque externava a sua cultura. Isso é explicitado no texto sobre sacrifícios e sobre a eucaristia, intitulado: *O segredo do sacrifício ou o homem é aquilo que come* (*GW* XI, p. 26-276, 45, 46, 47-49).

10. *Preleções sobre a essência da religião*

Em 1851, Feuerbach publicou as *Preleções sobre a essência da religião*, que tinham sido dadas em Heidelberg durante a revolução e depois haviam sido reelaboradas. Mesmo que no prefácio ele se distancie da revolução, já fracassada, dizendo ter participado dela "apenas como observador e ouvinte crítico" (*GW* VI, p. 4), o texto trai aquela consonância com as ideias democráticas que o induziu a um envolvimento bem mais ativo. De novo, insiste na necessidade de tomar para si a energia inerente à religião, já que é uma ideia "muito superficial" a de que "a religião não tenha influência na vida pública". Se então a tarefa do Estado é a de "formar homens de verdade, completos", e a do homem no Estado a de "crer naquilo que é racional", isso significa substituir a religião (*GW* VI, p. 244-245). O predomínio do Estado sobre o indivíduo e da razão sobre a fé, que registramos nas *Teses* e em *Necessidade de uma mudança*, reaparece a propósito da tarefa educativa de libertar o homem da escravidão religiosa. Feuerbach declara: "Porque lá onde os homens são politicamente livres, mas religiosamente escravos, o estado também não é, ou não é ainda, perfeito" (*GW*

VI, p. 244). A chamada liberdade de consciência aparece subordinada a esse fim.

Se, portanto, é inegável a supremacia do Estado e da razão, é preciso registrar, como correção parcial, a tese segundo a qual o Estado é feito pelos homens e o próprio imperador deriva o seu poder dos muitos, ou seja, das massas (*GW* VI, p. 244, 379). O ideal político é ilustrado através do exemplo da natureza, que é "uma república, um resultado de entes ou forças que se exigem e produzem reciprocamente, que cooperam juntos, mas têm direitos iguais" (*GW* VI, p. 155). O quadro idílico da natureza, em que os vários entes cooperam, satisfazendo as suas necessidades, é adotado em contraste com os "regimes *despóticos*" da época (*GW* VI, p. 235), todavia apresenta o problema da relação com aquela natureza não humana descrita em *Essência da religião*.

De fato, Feuerbach, no começo de *Preleções sobre a essência da religião*, delineia retrospectivamente a própria evolução, acentuando a sua continuidade e a autonomia de Hegel. Essa tendência, natural para cada pensador, mas não conforme à realidade, influenciou não apenas a revisão dos textos já publicados visando à sua inserção nas *Obras completas*, mas também as interpretações dos primeiros discípulos, que reduziram ao mínimo a sua dependência de Hegel. Depois das primeiras três preleções, Feuerbach, ao fazer o comentário em *Essência da religião*, esforça-se por conciliá-la com *Essência do cristianismo*, admitindo que, nesta, o que havia dominado era a ação humana, e, naquela, a dependência da natureza, mas os dois momentos podiam ser unidos.

Todo ente dependia da natureza, mas esta dotava cada um das armas para a sua sobrevivência e os induzia a se ajudarem sozinhos (*GW* VI, p. 195, 186). Como já havia sustentado em *Essência da fé segundo Lutero*, o sentido de si, o egoísmo era a condição essencial para a vida e a sociedade. Tratava-se, no entanto, de um egoísmo que reconhecesse direitos iguais aos outros. De fato, a necessidade de um se conciliava com a necessidade do outro. Esse era o princípio da sociedade e do Estado (*GW* VI, p. 90, 337).

Mesmo aflorando o fenômeno anormal do egoísmo absoluto, que não admitia limites ao próprio desejo (*GW* VI, p. 375), ou aquele de "um grupo, uma classe ou de indivíduos" que não reconhecem os outros (*GW* VI, p. 90), Feuerbach invoca, através da natureza, o critério da normalidade, colocando os conflitos entre as exceções. Entretanto, até mesmo a estreita relação da necessidade com a nutrição e a assimilação dos outros entes (*GW* VI, p. 61) poderia reevocar-lhe o aspecto destrutivo da natureza.

Mesmo o papel do homem na natureza parece assumir um significado altamente positivo quando se afirma que a natureza, em si "cega e priva de intelecto", tem "o seu intelecto apenas no intelecto do homem", que lhe confere "a marca da consciência e do intelecto" e chega a modificar até mesmo o clima (*GW* VI, p. 193-194).

O conceito da natureza não humana, que permaneceu em grande parte no pano de fundo, reemerge exatamente no homem sob a forma de inconsciente: "O homem, com o seu eu ou consciência, está na margem de um abismo insondável que, porém, não é nada além de sua própria essência priva de consciência (*bewusstloses*) que lhe aparece como uma essência estranha". Mas o eu não é "nada sem um não-eu". Deste não-eu surge a consciência, mas também a arte (*GW* VI, p. 349-350). A mesma vontade se volta a um objetivo "*sem que eu o saiba ou o queira*" (*GW* VI, p. 185). Enquanto em amplos trechos as *Preleções sobre a essência da religião* parecem retroceder em relação ao nível crítico alcançado em *Essência da religião*, aqui dão um passo adiante e antecipam as reflexões sobre o inconsciente que serão feitas entre os séculos XIX e XX.

11. *Teogonia*

Nesse meio tempo, Feuerbach já tinha começado aprofundados estudos filológicos e exegéticos sobre Homero, Hesíodo e sobre a *Bíblia*, como demonstram as inúmeras anotações deixadas por ele. Essa combinação já representa uma novidade. A *Bíblia* não é mais considerada a base de uma dogmática a ser rejeitada, nem um livro de um povo incapaz de se elevar à cultura, mas um importante documento da cultura original, junto aos poemas gregos. A obra saiu, depois de um trabalho de cerca de seis anos, em abril de 1857 com o título: *Theogonie, nach den Quellen des klassischen, hebräischen und christlichen Altertums (Teogonia, segundo as fontes da antiguidade clássica, hebraica e cristã).* Como sugere o exemplo da obra homônima de Hesíodo, tratava-se de explicar a origem das divindades. Segundo Feuerbach, ela se deve ao desejo, que constitui a "manifestação original", o "fenômeno original" da religião (*GW* VII, p. 33). Este nasce da falta, pobreza, "*penia*". É "escravo da necessidade, mas um escravo com a vontade de liberdade" (*GW* VII, p. 47). Ele quebra as correntes do limite e, na criação dos deuses, supera qualquer obstáculo: "Para o desejo não existe doença incurável, não existe morte, limite, lei, necessidade natural como para Deus" (*GW* VII, p. 68). Ele se lança imediatamente em direção ao seu cumprimento, superando o tempo (*GW* VII, p. 48, 52-53). De forma aguda, Feuerbach interpreta a revelação do nome de Deus no Êxodo como um futuro que já torna presente a liberação esperada: "Eu serei o que serei" (*GW* VII, p. 71). Ele critica os tradutores que transformam o futuro no presente e observa que, até então, o impulso em direção ao futuro caracteriza a consciência dos hebreus (*GW* VII, p. 72).* "Os impacientes e revolucionários desejos do homem" (*GW* VII, p. 54) estão na origem

---

* N.T.: Existe uma discussão acerca da tradução desta passagem bíblica (Êx. 3:14). Alguns consideram que "Eu sou o que sou" seria uma tradução incorreta, e que a tradução correta deveria conter os verbos no futuro. Isso decorre do fato de que em hebraico o verbo "ser" não é conjugado no presente, apenas em outros tempos verbais.

da civilização humana, de seus progressos em acelerar os tempos e remover as dificuldades.

A força deles está na origem da imaginação e da poesia. Faz surgir os deuses e exaltar a natureza. Na história do Gênese, Feuerbach não ressalta mais a sujeição do homem, mas a celebração poética da natureza em sua beleza (*GW* VII, p. 254, 267-268). Por isso, o desejo é designado a "locomotiva do pensamento" (*GW* VII, p. 57). Ele se esconde na fé, que, como já em *Essência da fé segundo Lutero*, demonstra-se uma mola importante, representando a confiança, a segurança em direção ao futuro (*GW* VII, p. 42-45). Ao mesmo tempo, objetiva-se em um Deus que lhe responde. Quanto mais ele é intenso, mais potente é o seu Deus (*GW* VII, p. 82).

Todavia, continua a subsistir um limite, e é dado, antes de tudo, pelos desejos alheios. Em *Teogonia*, Feuerbach se detém por muito tempo nas relações jurídicas e morais. Um argumento importante se constitui da ofensa e da exigência de uma punição contra essa, que na literatura grega assumia o vulto terrível das Erínias (*GW* VII, p. 116). A vítima, em seus direitos violados, em seu desejo frustrado de viver, apresentava-se à imaginação do agressor exigindo vingança e perseguindo. Ela salvaguardava o seu desejo, reconduzindo em seus limites o arbítrio desenfreado do prepotente. Na verdade, essa representação "teatral" retratava o remorso da consciência (*GW* VII, p. 136), fundamentado sobre uma ligação interpessoal mais profunda em relação aos atos de ofensa, de vingança ou de punição. Frente ao desaventurado, qualquer um sente que algo de similar poderia acontecer também com ele. A compaixão surge, portanto, de uma simpatia (*Mitgefühl*). "Apenas o sentimento de igualdade fundamentado sobre uma exposição igual à desventura é a fonte de uma simpatia ativa. O grisalho Príamo lembra Aquiles de seu velho pai para induzi-lo à compaixão" (*GW* VII, p. 119). A conciliação entre os desejos próprios e alheios acontece, dessa forma, com base em um destino comum. "Todo desaventurado, que talvez em outro tempo tivesse tido sorte, representa a quem tem sorte a sua própria possível desventura" (*GW* VII, p. 117). O medo da punição divina por ter maltratado os estrangeiros e os necessitados não é nada além do que "o medo do destino humano" (*GW* VII, p. 119).

Nos passos da literatura grega, aparece o tema do destino como fundamento de sabedoria e de moralidade. "O destino *acima* do homem é o destino *no homem*; a necessidade ao qual está sujeito é uma necessidade do sentimento, não uma necessidade fria, mas sim quente de sangue, sobretudo aquela necessidade que une indissoluvelmente a reação com a ação" (*GW* VII, p. 127). Com base nisso, a relação exterior com você reverbera na polaridade da própria consciência: "A consciência é o *alter ego*, o outro eu no eu" (*GW* VII, p. 137). A sua normatividade conecta-se à aprovação ou à desaprovação dos outros, em particular dos pais (*GW* VII, p. 139), mas, ao mesmo tempo, se impõe através de um processo de abstração que capta a ligação comum e a legitimidade recíproca dos desejos (*GW* VII, p. 141). Como nas *Preleções sobre a essência da religião*, pressupõe-se que o acordo dos egoísmos recíprocos esteja conforme a natureza, normal, enquanto o conflito seria a exceção.

O destino tem um significado moral também sob um outro perfil, ou seja, enquanto caráter individual, desejo fundamental de uma pessoa, como demonstram os heróis homéricos Aquiles, Heitor ou Odisseu. "Mas aquilo que alguém é, ou o tem por natureza ou por nascimento [...], determina também, consciente ou inconscientemente [...], o destino de vida essencial do homem" (*GW* VII, p. 177). A determinação interior, que na filosofia alemã a partir do século XVIII era chamada "destinação" (*Bestimmung*), leva a confrontar com coragem escolhas dolorosas. "Aquilo que é a minha sorte, seja também a minha desventura, aquilo que é a minha vida, seja também a minha ruína. Assim como o desejo, também o destino" (*GW* VII, p. 179). A destinação individual corresponde ao desejo mais profundo, que leva a renunciar aos outros desejos, vistos como secundários. Para quem sente em si o desejo da glória, a vida se torna secundária. Os lamentos dos heróis obrigados a perdê-la são uma força retórica, já que o desejo essencial deles era relativo a outra coisa, e isso coincidia com a realidade essencial deles.

Apesar dessa conciliação entre desejo e destino, ele termina por manifestar também um aspecto "inumano" exatamente através da morte. Aqui, afirma-se uma necessidade "absoluta" que nem os deuses podem mudar. Tal necessidade é "o fim dos desejos" (*GW* VII, p. 162). De novo, pode-se notar em Feuerbach o paradoxo do desejo em relação ao limite: de um lado, esse consiste no negá-lo; de outro, pode realizar-se apenas aceitando-o. De um lado, rejeita a realidade; de outro, é fruto dela. Feuerbach toma como exemplo a sabedoria dos gregos, que não pretendiam uma "vida eterna", mas apenas que a morte fosse procrastinada (*GW* VII, p. 164). É o convite a moderar os desejos dentro da finitude. Poderia-se, porém, questionar se a prece aos deuses para prolongar a vida ou para a cura (*ibidem*) não corresponde ainda a um desejo que, no caso específico, ultrapassa a natureza e se defronta com a necessidade. Para além dessa conciliação que pretende fechar as portas aos chamados desejos sobrenaturalísticos, precisamos ressaltar o tema do sonho, visto como antecipação e, de alguma forma, realização do desejo (*GW* VII, p. 216), uma intuição que encontrará um amplo desenvolvimento em Freud.

Apesar dos fecundos pontos de reflexão, propostos em um contínuo diálogo com a Antiguidade, a *Teogonia* teve pouco eco. O seu insucesso causou uma profunda desilusão para Feuerbach, que lhe havia dedicado muito tempo e muita energia. Por quase dez anos, não publicaria quase nada.

12. *Espiritualismo e materialismo*

Em 1866, Feuerbach publicou, dentro do décimo volume de suas *Obras*, o texto *Espiritualismo e materialismo especialmente em relação à liberdade do querer*, que, na primeira parte, expõe os fundamentos da moral, confrontando-se com Schopenhauer e Kant, e, na segunda parte, a sua peculiar interpretação do materialismo.

a. A moralidade: confronto com Schopenhauer e Kant

Feuerbach foi induzido por seus jovens admiradores a desenvolver de modo mais orgânico a sua concepção moral, em particular por Wilhelm Bolin, que solicitou insistentemente que ele se confrontasse com o pensamento de Schopenhauer. Mesmo que este seja objeto de confronto explícito no sexto capítulo, sobre "necessidade e responsabilidade", a sua sombra vagueia por toda a primeira parte. Atrás dessa, é possível perceber a sombra de Kant. Ao contestar que a vontade possa se desvincular da natureza e se colocar sobre esta, Feuerbach pretende atingir tanto a proposta ascética de Schopenhauer quanto a visão da liberdade de Kant. Ele, portanto, toma o exemplo que tinha sido empregado como prova da capacidade do espírito de negar a natureza, que, em relação a

Schopenhauer, tinha um apelo particular: o suicídio. Para demonstrar que tal interpretação era errada e que não se tratava de uma negação absoluta da natureza, Feuerbach invoca os casos tanto do mundo animal quanto da humanidade. Alguns pássaros engaiolados não comem mais e se deixam morrer. Isso demonstra que o impulso de autoconservação não é absoluto, "sem limites", mas implica a manutenção do próprio si com os objetos com que se identifica. Se estes vêm a faltar e a sobrevivência perde a sua qualidade peculiar, desaparece o impulso para perpetuá-la. Tal desaparecimento, segundo Feuerbach, reitera de modo paradoxal a unidade de um ente com seu objeto (*GW* VII, p. 54-58, trad. it., p. 45-49). Isso é evidente nos suicídios dos amantes infelizes, mas também nos atos heroicos de quem morre pela pátria. A morte deles depende do fato de que concebam indissoluvelmente a sua vida em união à pessoa amada ou à pátria. A perspectiva da perda é o motivo que os induz a sacrificar a si mesmos (*GW* VII, p. 55, 58-59, 60, trad. it., p. 46, 50-51, 52).

Assim como não é necessário isolar abstratamente o instinto de conservação, mas vê-lo na concretude das relações, da mesma forma também a contraposição entre vida e morte não deve ser tomada de modo absoluto. Quando as forças diminuem, o abismo entre os dois extremos desaparece e a própria morte pode se tornar objeto de desejo (*GW* VII, p. 60, 61, trad. it., p. 51, 53). Para sustentar essa argumentação, Feuerbach voltava a insistir no papel importante do tempo. Se Kant e Schopenhauer o haviam relegado ao campo fenomênico, Feuerbach lhe reivindicava uma função no campo moral. Sem o tempo, não era possível compreender o remorso, nem ter a esperança de uma melhora. De fato, o sentido de um erro cometido não apenas exigia a memória, mas também o fim e quase a liberação de uma açao: "Fazemos estas reprimendas apenas agora que estes defeitos não estão mais fundidos ao nosso ser e já são apenas objeto de lembrança" (*GW* VII, p. 67, trad. it., p. 59; cf. também *GW* XI, p. 94, trad. it., p. 90). Além disso, a possibilidade de melhora implicava novamente o tempo. Sobre esse ponto, Feuerbach polemizava abertamente com Schopenhauer e com a sua tese, segundo a qual o caráter era "inato" e, em seu aspecto inteligível, não podia mudar (*GW* VII, p. 99-102, trad. it., p. 96-99). Ele replicava que, exatamente graças ao tempo, o homem mudava e o ladrão podia parar de roubar. Por isso, a pena de morte que o fixava a um ato cumprido era injustificada (*GW* VII, p. 91, 102, trad. it., p. 87, 100). A possibilidade de mudança e, portanto, a liberdade dependiam do tempo. Nos budistas, os quais Schopenhauer havia tomado como mestres, Feuerbach encontrava o convite a levar em consideraçao o tempo. Daí a sua máxima: "E você não é livre se nega o tempo, mas se o utiliza e o emprega bem" (*GW* VII, p. 65, trad. it., p. 58).

Portanto, assim como a moralidade não podia prescindir do tempo, da mesma forma a vontade também não podia subsistir desvinculada dos instintos. Retomando o eudemonismo de Aristóteles, Feuerbach explicava o interior do impulso à felicidade e a definia, segundo a tradicional fórmula da escolástica, "apetite racional" (*GW* XI, p. 68, trad. it., p. 61). Enquanto apetite, a vontade se voltava à sensibilidade; enquanto racional, ela não era circunscrita a um só objeto; e, no âmbito de um determinado gênero, podia escolher (*GW* XI, p. 68, 69, 86, trad. it., p. 61, 63, 82). Na sua característica individual, ela coincidia com a paixão ou a inclinação prevalente e fazia com que uma pessoa fosse disposta a sacrificar todo o resto (*GW* XI, p. 90, trad. it., p. 86). A ligação ao que já havia sido explicado na *Teogonia* sobre o destino individual dos heróis, prontos a renunciar a tudo pelo seu desejo fundamental, é evidente. Agora, porém, Feuerbach alerta para um perigo: a tirania de um só instinto. Contra o "domínio exclusivo, despótico" deste, os outros instintos acabam por se rebelar e protestar. Esse protesto é exatamente a "consciência" (*GW* XI, p. 91, trad. it., p. 87), que repreende e impulsiona para uma mudança. No curso da análise, portanto, a vontade não mais se identifica com a paixão prevalente, mas com o conjunto dos instintos que exigem uma harmonia entre si.

Essa harmonia implica uma totalidade. Como justificá-la com base nos sentidos? Sobre isso, ele retoma a ideia de uma sensibilidade geral sobre os sentidos individuais, como aquela dos gêneros sobre os objetos individuais. Em outros termos, após a crítica ao idealismo e aos conceitos abstratos, repropõe-se o tema dos universais e da abstração. Na verdade, Feuerbach continua convencido da necessidade de recorrer aos conceitos universais, que são, sim, nomes coletivos, mas ao mesmo tempo correspondem a ligações reais (cf. *GW* XIII, p. 246-247). A questão que se pode levantar é se aquela estreita relação por ele invocada entre sensibilidade e conceitos esteja ou não justificada adequadamente.

Aqui, no jogo das paixões, que em seu complexo deveria criar uma harmonia, ele introduz a ação do eu. Isso pode ser considerado novamente em antítese a Schopenhauer, que havia proposto a superação da individualidade. Sobre isso, Feuerbach dá um passo além na definição da vontade. Se, de fato, tivesse sido vista apenas como a paixão dominante ou o conjunto dos instintos em suas ações e reações, podia-se concluir que o comportamento humano era determinado e a liberdade ou não existia ou devia ser buscada em outro lugar. Ele, portanto, observa: "Em meio a isso, entre a razão determinante e a sua consequência, encontro-me eu" (*GW* XI, p. 93, trad. it., p. 89). O eu podia fazer com que um instinto valesse como razão suficiente ou não. Ele, portanto, conferia lhe um significado seu. Aqui estava também a raiz da sua liberdade. Feuerbach então construiu, em passos sucessivos, o conceito de liberdade, insistindo, em polêmica com Kant e com Schopenhauer, sobre sua ligação com a esfera dos instintos.

O filósofo de Königsberg, criticado pela base da moral demasiadamente formalística, continua sendo, todavia, um ponto de referência essencial na relação com o outro. De fato, o imperativo categórico, enquanto impõe tratar os outros como fins e não como meios, pressupõe a relação com o outro. Feuerbach, que tanto insistiu na constituição do eu como eu-você e a encontrou na própria consciência, subscreve tal imperativo, mas adiciona que o critério para estabelecer o que é bem ou mal é ditado pela sensibilidade e pelo impulso à felicidade. Retomando aquilo que havia afirmado a partir do texto sobre *Lutero*, diz: "A mesma coisa que, em relação ao outro, aquele que sofre a ação, é um *Wohl* [bem-estar] ou um *Wehe* [mal--estar], em relação a mim, que cumpro a ação, é um *Gutes* [bem] ou *Böses* [mal]" (*GW* XI, p. 76, trad. it., p. 70). O efeito sensível provocado no outro sob forma de satisfação ou sofrimento é, para mim, a qualidade moral do bem ou do mal. Podemos ver aqui a tentativa de unir o formalismo kantiano ao eudemonismo aristotélico, interpretado de forma sensística para que a moral se torne concreta. A esta concretude deveria contribuir também o sentimento da simpatia que encontramos na *Teogonia* e pode ser tomado, em sentido otimista, à "compaixão" de Schopenhauer.

b. Materialismo e subjetividade

Depois de ter proposto as linhas de uma doutrina moral que reconheça a sensibilidade, Feuerbach se aproxima do materialismo, superando, aparentemente, a prudência que o havia caracterizado em relação a esse assunto. Ao passar à segunda parte da obra, designa o materialismo como "o único fundamento sólido da moral" (*GW* XI, p. 111, trad. it., p. 110). Na verdade, porém, ele separa claramente o materialismo alemão do materialismo francês do período iluminista, atribuindo-lhe uma origem absolutamente diversa, aquela religiosa da reforma protestante. Na base disso estaria, portanto, uma visão dinâmica. Em Martinho Lutero, ele teria se revelado no amor terreno; em seu filho, Paul, na paixão pela medicina, aqui caracterizada como "o terreno próprio e a fonte do materialismo" (*GW* XI, p. 125, trad. it., p. 126). Não se trata da autonomia que nos faz conhecer apenas "a verdade morta", mas de um saber que tenta se aproximar da vida. Em relação a esse assunto, porém, retorna a tese paradoxal, já sustentada em *Essência da religião*, segundo a qual a natureza pode ser captada apenas mediante a si mesma: "Vida, sensação, pensamento são algo de absolutamente original e genial, de inimitável, de insubstituível, de inalienável – são, na verdade, o absoluto, conhecível apenas mediante a si mesmo, filósofos e teólogos especulativos" (*GW* XI, p. 125-126, trad. it., p. 127). O materialismo proposto é, portanto, um voltar-se à vida, buscando compreendê-la em sua originalidade, sem impor-lhe conceitos que a reduzam à coisa morta. A isso levaria obviamente também a aplicação geral do conceito de matéria que reduziria tudo a objeto.

Por esse motivo, segundo Feuerbach, é necessário se apropriar da lição do idealismo: "Concordo com o idealismo quanto ao fato de que se deva partir do sujeito, do eu [...]. O mundo, enfim, pelo modo em que me é dado, sem prejuízo de sua autonomia, é apenas o meu si objetivado" (*GW* XI, p. 171, trad. it., p. 183). Ele logo adiciona que esse eu é real e demonstra a sua realidade na relação com o você. O materialismo deve, portanto, compreender em si a atividade criativa do eu, sem destacá-lo de sua materialidade. Aliás, ele deve ver em todo vivente o seu ser feito para o outro. Emblematicamente, ele diz que o gato é para os ratos (*GW* XI, p. 175, trad. it., p. 187). Para além do conflito que aqui poderia surgir, ele ressalta o equilíbrio das relações naturais, embora admita a destruição de "alguns" indivíduos (*GW* XI, p. 174, trad. it., p. 187).

Uma concepção que reconhecia a centralidade do sujeito e a sua relação ontológica com o objeto, que reiterava a originalidade e a incompreensibilidade da vida, era realmente materialista? Já no ano em que foi lançado *Sobre espiritualismo e materialismo*, foi posta essa questão por Friedrich Albert Lange, que, em sua afortunada *História do materialismo*, contestou sua qualificação de materialista e provocou um longo debate, que se estendeu até nós. Por um lado, é necessário levar em conta a advertência de Feuerbach em não assumir um conceito unilateral de materialismo; por outro lado, é legítimo questionar-se se aquela síntese entre idealismo e materialismo teve sucesso. De qualquer forma, por trás do aspecto dinâmico sustentado por ele, deve ser ressaltada a exortação à melhora das condições de vida do homem através de uma justiça que elimine a pena de morte e uma medicina atenta à vida e ao sujeito.

III.

Conceitos-chave

Alienação (*Entäußerung*); ver também objetivação, estranhamento. O conceito de *alienação*, que Feuerbach contribuiu para introduzir na linguagem universal, contém em si aquele de *objetivação* e *estranhamento* como momentos de um único processo, o primeiro conotado mais positivamente, e o segundo, negativamente. Apesar de aqui cada um deles ser examinado individualmente, sua ligação induz a reevocá-los em seu conjunto.

No léxico alemão, "alienar" (*entäußern*) significa *pôr fora, externar*. O segundo capítulo introdutório de *Essência do cristianismo* explica por que o homem põe fora de si as suas propriedades positivas. Este percebe em si um dissídio radical (*Zwiespalt*) entre a sua essência infinita e a sua individualidade finita. Tal dissídio, no interior do ânimo, é causa de tensão e infelicidade. Isso, então, é posto no exterior: a essência infinita é Deus, e a individualidade finita, o homem. De tal modo, os extremos se afastam e evitam se destruir em um conflito obscuro. Ao mesmo tempo, esclarecem-se (*GW* V, p. 54, 75-76, 95, 97, trad. it., p. 42, 53, 58, 59).

Essa transposição para fora foi levantada por muitos intérpretes do século XX com a palavra *projeção*. Este conceito, introduzido com base em Freud, evidencia a perspectiva psicológica do conflito que é, sim, presente em Feuerbach, mas dentro de um discurso muito mais amplo e complexo. Arrisca ser redutivo. Porém, convém ressaltar que Feuerbach jamais o usou (cf. sobre esse ponto SCHMIEDER, 2004, p. 317-326, 331, 351).

A essência infinita enquanto ideal, enquanto dever ser, faz com que o indivíduo perceba dolorosamente o seu limite. Portanto, é posta de fora e aparece sob forma de lei absoluta, inalcançável, como se explica no primeiro capítulo da primeira parte de *Essência do cristianismo*. Ela é fria e faz com que o homem se sinta culpado. Eis então que intervém, sempre fora do indivíduo, o amor, o Deus que se abaixa. O extremo exterior muda, aproxima-se. A metáfora da circulação do sangue implica as duas direções: do centro à periferia e da periferia ao centro. A alienação é seguida da reapropriação; o movimento fora, do retorno a si, ao qual o homem aspira depois de se ter afastado (*GW* V, p. 91, trad. it., p. 56). "O homem se divide de si mesmo, mas apenas para *retornar sempre ao mesmo ponto do qual partiu*", para sentir-se "em casa" (*GW* V, p. 310, 315, trad. it., p. 195, 198).

O conceito de alienação chega a Feuerbach a partir de Hegel e sobretudo das páginas sobre a autoconsciência da *Fenomenologia*, a obra hegeliana preferida de Feuerbach. Como já vimos, ele também ressalta a importância da relação exterior com um você para a formação da autoconsciência. No segundo capítulo introdutório de *Essência do cristianismo*, ele inicia a sua análise partindo do relacionamento entre a consciência divina e a consciência humana. Se a autoconsciência divina se cumpre na consciência que o homem tem de Deus, tal cumprimento faz com que, na consciência de Deus, o homem tenha a autoconsciência de si. Ele então se reconhece como ser divino, infinito (*GW* V, p. 46, 377-380, trad. it., p. 36-37, 242-244). Nele, acontece a autoalienação de Deus, a *kenosi*, que a carta aos filipenses já havia exaltado na encarnação e na paixão de Cristo (*GW* V, p. 106, 107, 115, trad. it., p. 63, 64, 68), como lembramos acima.

Na concepção hegeliana, a exterioridade, por um lado, é necessária para a realização da ideia; por outro ldo, é negativa, pela sua submissão à esfera sensível, e deve ser superada. Tal negatividade é ainda mais ressaltada pelo jovem Feuerbach. Ele, em *História da filosofia moderna*, havia acusado os pensadores empiristas ou materialistas de terem alienado o espírito. A acusação era voltada a Hobbes, mas também, em parte, a Descartes, que, com o seu dualismo, havia chegado a uma natureza mecânica e a um eu subjetivo (*GW* II, p. 100-102, 284, 285-286, 291-294).

Também nas aulas de *Introdução à lógica e à metafísica*, realizadas em Erlangen como *Privatdozent*, ele refletia a lição de Hegel. De fato, ao descrever a religião dos povos antigos, observava que estes reconheciam o universal apenas na forma particular da determinação deles. Assim, em suas divindades, eles adoravam a sua essência, intuída em modo obscuro e misterioso (*GW* XIII, p. 32). Como a história das religiões ensinava, era necessário ir além das formas sensíveis de uma religião particular. Tal exigência permanecia válida também na era cristã. A esse propósito, ele, na carta com a qual havia enviado a Hegel a sua dissertação, havia insistido na necessidade de realizar a ideia destruindo as representações religiosas, entre elas a de um Deus exclusivamente pessoal. Nem mesmo o cristianismo era a religião "perfeita" e "absoluta" (*GW* XVII, p. 107, trad. it., *SF*, p. 107). O conceito de alienação, portanto, teve no jovem Feuerbach uma aplicação bem mais radical que em Hegel. Enquanto, inicialmente, ele tentou remover da ideia de Deus tudo o que era finito, exterior, para fazê-lo coincidir com o espírito absoluto, depois a colocou sob julgamento como exteriorização da essência humana.

A *Essência do cristianismo* não representa, entretanto, a última palavra sobre a alienação. Antes de tudo, nas *Teses* e nos *Princípios*, ela é identificada na filosofia idealista, que, pondo "a *essência* do pensamento *fora do ato de pensar*" (*GW* IX, p. 247, trad. it., *SF*, p. 181), faz com que o sujeito veja o seu pensamento como um ente absoluto fora de si e viva a abstração como uma separação de si. Ele, portanto, deve recuperar o pensamento no interior de seu ser, reconhecendo a própria e completa realidade não apenas como ente pensante, mas também como ente corpóreo. A extensão ao idealismo da acusação de alienação teve consequências dificilmente subvalorizáveis. Abria-se o caminho às aplicações cada vez mais extensas em relação à ideologia dominante, da política e da economia, como logo fizeram Max Stirner e Karl Marx.

Em relação à alienação religiosa, Feuerbach deu outros passos em *Essência da religião*. Quanto mais se afastava do idealismo, mais devia abandonar a tese do contraste entre a essência humana infinita e o indivíduo finito. Um novo ponto de partida lhe era oferecido: o sentimento de dependência. Como o homem depende de um ente *fora* dele, que, em oposição, é absolutamente independente dele, a natureza, então, transpõe *fora* dele um ente que dele dependa, que seja humano, Deus. Esses, submetendo a si a natureza, faz com que ao homem retorne aquilo que lhe era estranho, ou melhor, hostil.

Na verdade, já no período idealista, Feuerbach havia feito surgir a consciência do indivíduo a partir de uma relação exterior, aquela com os outros: "A consciência que você tem de si mesmo estava, inicialmente, fora de você; eram os outros a sua consciência, o saber de si mesmo; no saber dos outros estava contido o seu ser". Recebia-se "do seio da humanidade" a própria personalidade, como o leite da mãe (*GW* I, p. 329, trad. it., p. 158-159). Lá, porém, tratava-se do indivíduo em relação com o espírito universal, a humanidade; aqui, trata-se do homem em relação com a natureza. Lá, o círculo se fechava com a restituição de si a um ente no qual essencialmente se identificava; aqui, ao contrário, permanece uma fratura. Assim, segundo Feuerbach, aquele Deus, que se coloca a serviço do homem, não leva, se não em modo ilusório, à superação da relação assimétrica com a natureza.

Ânimo (*Gemüt*) e coração (*Herz*). Em sua réplica ao teólogo Julius Müller, Feuerbach reevocou o papel essencial que em *Essência do cristianismo* tinha tido a distinção entre ânimo e coração: o primeiro era típico do cristianismo; o segundo, universal. O primeiro, dobrado sobre si mesmo; o segundo, "aberto ao mundo". O primeiro, oposto "à força do tempo e da razão", fechado "à força da natureza e da história", segregado do "destino do mundo"; o segundo, pronto a fazer o bem aos outros. Esse impulso a fazer o bem esteve também na origem do cristianismo, mas tinha sofrido condicionamentos históricos e havia dobrado-se sobre si, transformando-se, enfim, em ânimo (*GW* IX, p. 185).

Desde os *Pensamentos sobre a morte e a imortalidade*, o termo "ânimo" tinha apresentado uma conotação negativa e era usado para os pietistas, qualificados como uma "gentalha vulgar" que bombeava "dentro do ânimo tudo do exterior" (*GW* I, p. 478-489, trad. it., p. 57-58). Uma característica que se manteve típica do ânimo foi, portanto, a dobradura patológica sobre si. No texto *Sobre filosofia e cristianismo* (1838), Feuerbach, em seu propósito de negar qualquer possibilidade de filosofia cristã, teorizou aquela distinção entre ânimo e coração, que retornaria em *Essência do cristianismo*. O primeiro se esquivava de toda *determinação* e *limite*, essencial para a ciência;

movia-se em "um certo claro-escuro misterioso"; exprimia-se no "tom *musical*" e combinava-se com a fantasia. Na nota, depois, adicionava: "O coração é de gênero masculino; o ânimo, feminino. O coração é o ânimo natural, são; o ânimo é o coração doente, sobrenatural" (*GW* VIII, p. 232, cf. p. 214).

Em *Essência do cristianismo*, os dois aspectos do ânimo, ou seja, sobre si e sobre a recusa da realidade objetiva retornam a propósito de muitos temas e com vários desenvolvimentos. O Filho, enquanto recebe tudo do Pai, é definido "o ânimo feminino de Deus" (*GW* V, p. 144, trad. it., p. 84). Em sua paixão, o ânimo religioso dos cristãos se compraz. De fato, o sofrimento responde "*ao coração, ou seja, ao ânimo subjetivo, voltado* apenas *ao interior, esquivo do mundo, concentrado apenas em si*" (*GW* V, p. 125, trad. it., p. 74). "A paixão de Cristo é por isso o êxtase supremo, a última segurança, a mais alta autocomplacência, a máxima consolação do ânimo" (*GW* V, p. 259, trad. it., p. 163).

Uma manifestação clara do ânimo é a prece, em que o homem "dá ouvidos a si mesmo", "se sacia apenas *em si mesmo*", "sente como limite toda determinação, toda *lei*, e portanto a tolhe", diferentemente de quem considera as causas naturais, e, trabalhando, "converte em tarefas de atividade real os desejos que podem se cumprir" (*GW* V, p. 220, 111, 222, 226, trad. it., p. 137, 66, 139, 141). A onipotência divina, na base dos milagres, "não exprime nada mais que *a essência do ânimo*" (*GW* V, p. 226, trad. it., p. 141). "Deus é o '*sim*' do ânimo humano" (*GW* V, p. 222, trad. it., p. 139). Para ele, não existem desejos irrealizáveis, metas difíceis, longínquas a serem dificilmente atingidas: ele tem de frente apenas "o cumprimento imediato, absolutamente ilimitado, de seus desejos mais subjetivos" (*GW* V, p. 235, trad. it., p. 147).

O ânimo, de ativo, se torna passivo, desdobrando-se em um outro ente que realiza os seus desejos. Por isso, é "de natureza onírica". "No sonho eu apreendo as minhas autodeterminações como se fossem determinações vindas de fora, as emoções como acontecimentos, as minhas idéias e sentimentos como entidades fora de mim, eu sou o passivo do meu próprio ativo. O sonho refrata duplamente os raios da luz, daí a sua indescritível magia."* (*GW* V, p. 248, trad. it., p. 156).

O atrativo aqui reconhecido ao ânimo graças ao seu dinamismo interior desaparece quando este é comparado ao coração. Particularmente desfavorável parece tal confronto no apêndice de *Essência do cristianismo*, quando se afirma: "No coração, o homem se refere a *outros*; no ânimo, *a si*. O coração anseia por *fazer feliz*; o ânimo, a ser *infinitamente feliz*. O coração se satisfaz apenas *no outro*; o ânimo, *em si mesmo*. O ânimo *satisfeito em si mesmo* é Deus" (*GW* V, p. 482, trad. it., p. 293).

Como já vimos, a partir de *Essência da fé segundo Lutero* Feuerbach superou a contraposição entre

---

* N.T.: Este trecho está presente na tradução da editora Vozes (*A essência do cristianismo*, 2007).

egoísmo e altruísmo, mas não retornou à antítese entre ânimo e coração. Este, na fase sensualista, conquistou mais peso, distinguindo-se mais claramente da razão. Nos *Princípios*, declara-se: "A nova filosofia, que faz do objeto essencial, do objeto mais alto que o coração possa ter, e portanto do homem, o objeto essencial e mais elevado do intelecto, estabelece, assim, uma unidade racional de cabeça e coração, de pensamento e vida" (*GW* IX, p. 338, trad. it., *SF*, p. 272).

Estranhamento (*Entfremdung*); ver também alienação, objetivação. O segundo momento da alienação, depois da objetivação, é o estranhamento. O processo, mediante o qual o homem objetiva a própria essência, contém em si um aspecto paradoxal. Este o leva à consciência de si, mas de modo inconsciente. Ao verbete "objetivação", emerge o conceito de "impulso", e ali se antevê a dependência de Fichte. Aqui também poderia-se estabelecer uma analogia com o processo descrito pelo filósofo idealista, por meio do qual o Eu põe inconscientemente um não-eu e, através da relação com este, toma então consciência de si. O paradoxo é ilustrado em *Essência do cristianismo*, que define a religião como um "*conhecimento indireto* que o homem tem *de si*" (*GW* V, p. 37, trad. it., p. 37). Como o objeto Deus é dotado de toda perfeição, o indivíduo, com os seus defeitos, não percebe a sua identidade com ele, mas a sua diferença abissal: "Quanto mais humano é o sujeito divino em sua *essência*, tanto maior é *aparentemente* a *diferença* posta entre Deus e o homem, tanto mais é negado o humano, que é para o homem *objeto enquanto tal da sua consciência* [...]. Para enriquecer a Deus, o homem precisa se empobrecer; para que Deus seja tudo, o homem não deve ser nada" (*GW* V, p. 64-65, trad. it., p. 40). Sob essa relação inversamente proporcional está o pressuposto de que o que é dado ao objeto Deus é tirado inconscientemente do homem. Se Deus é tudo, o homem não é ou não vale nada. Na medida em que se percebe como valor a sensibilidade, esta é negada no homem e atribuída ao amor divino. O exemplo eminente é dado pelo ascetismo, que seria típico do catolicismo. "*Quanto mais se nega o sensível, tanto mais o sensível é Deus, ao qual o sensível é sacrificado*" (*GW* V, p. 65-66, trad. it., p. 45). Em *Bayle*, Feuerbach tinha descrito as mortificações da carne realizadas no catolicismo (*GW* IV, p. 7-13) e adicionado que estas haviam cessado como tais na submissão da razão à fé (*GW* IV, p. 19-22). Nesse sentido, o mecanismo de negação do humano em favor do divino tange toda confissão religiosa.

Todavia, a negação não é a última palavra: "tudo aquilo que se tolhe não é perdido em Deus, mas sim nele se conserva" (*GW* V, p. 65, trad. it., p. 45). Deus é o "*diário* dos seus mais altos pensamentos e sensações", o "álbum" "dos entes que lhe são mais caros, mais santos" (*GW* V, p. 128-129, trad. it., p. 76). Muitas vezes, Feuerbach destacou não apenas na concepção de Deus, mas também nas práticas religiosas, a presença de conteúdos emotivos, sensíveis, corpóreos. O monge encontra no céu o que negou na terra. Aliás, tal negação acaba por acentuar o impulso natural. A passagem desse discurso ao tema da remoção em Freud é breve.

O convite à reapropriação dos conteúdos humanos se une então à exortação para que seu valor seja reconhecido. Isso significa também emancipar a sensibilidade do estranhamento sofrido.

Em *Essência da religião*, o conceito é estendido para fora do cristianismo e enraizado na relação com a natureza. No lugar do ascetismo, entram os sacrifícios humanos, vistos como a tentativa desesperada de superar o estranhamento da natureza. O homem se "desumaniza" para humanizar a natureza, estranha-se para vencer o estranhamento da natureza (*GW* X, p. 41, trad. it., p. 80). Cumpre gestos extremos, mas vãos. O ensinamento que se tira disso é que o homem aceite não ser o fim da natureza e se reconheça, sim, como uma parte contingente dela, não necessária. Reduzindo suas pretensões, pode viver em uma felicidade moderada, mesmo a natureza continuando a ser fundamentalmente "desumana" (*GW* X, p. 336) e o destino frustrando seus desejos.

Inversão (*Umkehrung*); ver também sujeito e predicados. Se Deus é amor, é porque amar é divino; se Deus sofre pelos homens, é porque "sofrer *pelos outros é divino*"; se Deus fala, é porque a palavra é divina; se Deus cria, é porque criar é divino; se Deus é vida, é porque a vida "é em suas relações *essenciais, substanciais, de natureza absolutamente divina*"

(*GW* V, p. 106-107, 120, 161, 365, 445, trad. it. p. 63, 71, 95, 234, 282). Tal autonomia é vista como a condição essencial da moralidade: "Onde a *moral* é fundamentada na *teologia*, o *direito* sobre a *imposição divina*, então se podem *justificar* e *fundamentar* as coisas *mais imorais, mais injustas, mais infames* (*GW* V, p. 449, trad. it., p. 284).

Esse discurso havia sido desenvolvido em *Bayle* a propósito do fanatismo religioso e da tolerância. Se afirmava-se que Deus era bom, ou ele coincidia plenamente com a bondade e, nesse caso, podia-se dizer que a bondade era divina, reconhecendo que o sujeito como tal era supérfluo, ou era também algo outro e, nesse caso, então, abria-se o espaço ao arbítrio divino (*GW* IV, p. 100). Como vimos, nessa obra Feuerbach havia defendido a moral kantiana contra qualquer moral heterônoma. A inversão significava, portanto, a recuperação da autonomia da virtude e da humanidade (*GW* IV, p. 102-103).

Na verdade, Feuerbach havia captado de Hegel o uso da inversão com as suas implicações histórico-culturais. Já na introdução aos *Pensamentos sobre a morte e a imortalidade*, ele tinha visto na reforma protestante a inversão da relação entre a Igreja e a fé. Esta tinha se tornado o fundamento daquela, levando ao triunfo da subjetividade moderna (*GW* I, p. 189, 190, trad. it., p. 13). Em *História da filosofia moderna*, ele havia interpretado o chamado argumento ontológico em Descartes como demonstração da subsistência em si do pensamento e, a propósito de Malebranche, observou: "O verdadeiro *sentido* da tese principal de Malebranche não é portanto nenhum outro a não ser este: *Deus é a razão ou o espírito em nós,* ou então: *o espírito, a razão em nós é Deus*" (*GW* II, p. 357).

No ensaio juvenil em defesa de Hegel, de título *Critica dell' "Anti-Hegel"* (1835),* Feuerbach falava do processo de inversão (*Umkeherungsprozeβ*) entre sujeito e predicado como a via através da qual a filosofia colocava do avesso as relações em vigor "na vida comum e na intuição empírica", mas também os grandes homens se punham a serviço de uma ideia (*GW* VIII, p. 111-112).

A inversão, portanto, tinha uma valência prática, devendo derrubar os valores correntes. O seu enraizamento na formação idealista explica também a redução do sujeito aos predicados. O primeiro, de fato, sem a sua identificação com os predicados, arriscava, segundo Feuerbach, assumir características individualistas, arbitrárias, irracionais. A sua insistência sobre esse ponto ia bem além de Hegel, que havia buscado um equilíbrio entre o sujeito e a substância, como foi evidenciado por Bruno Bauer. Os predicados podiam conduzir a uma concepção essencialista. Já em *Essência do cristianismo*, porém, ao lado de conceitos morais como a virtude ou o amor, corriam referências à existência concreta, com a palavra ou a vida, de que se proclamava a divindade.

* N.T: Esse é um dos muitos títulos que só existem no inédito manuscrito original alemão (que pertence ao fundo de manuscritos de Feuerbach da Biblioteca de Munique) e na tradução italiana.

A esse propósito, introduzia-se o tema da existência como primário: "A consciência de toda realidade, de toda felicidade, é para você ligada à consciência de ser sujeito, à consciência da existência. Deus é para você um existente, um sujeito, pelo mesmo motivo pelo qual para você é uma essência sábia, abençoada, pessoal [...]. Existir é para o homem a realidade primeira" (*GW* V, p. 55, trad. it., p. 42). Em *Teses*, logo em seguida, declararia: "O *ser é sujeito*, o *pensar*, predicado, mas um predicado, porém, que contenha a *essência* do seu sujeito" (*GW* V, p. 258, trad. it., p. 193). Operando a inversão entre essência e existência, Feuerbach pretendia derrubar o modo de pensar idealista, como explicou nos *Princípios*: o pensamento devia ser reconduzido ao homem pensante, ou melhor, ao homem existente em sua totalidade sensível e corpórea (*GW* IX, p. 332-333, trad. it., p. 268-269). Esta era a "verdade" (*GW* IX, p. 338, trad. it., p. 272).

A partir de *Essência da religião*, porém, a perspectiva antropológica foi redimensionada: o homem continuava a ser sujeito, mas não coincidia com o ser (*GW* X, p. 336-337). O princípio do conhecer não se identificava com o princípio do ser, e isso recolocava a questão da verdade, ou seja, da validade de seus conhecimentos.

Objetivação (*Verobjektivierung*, *Vergegenständlichung*); ver também alienação, estranhamento. A objetivação é o primeiro momento da alienação e tem um significado prevalentemente positivo, como explica o primeiro capítulo introdutório de *Essência do cristianismo*. O objeto ao qual o sujeito *essencialmente* se refere não é nada além da sua essência "tornada *objetiva*" (*GW* V, p. 33, trad. it., p. 28). Ele então exprime e realiza a essência. Exatamente por causa dessa sua relação peculiar com o sujeito é que não pode ser assumido como algo particular. O exemplo adotado é o dos planetas. Eles têm como objeto comum o Sol, mas em um modo para cada um absolutamente particular: "*Cada planeta tem o seu próprio sol*" (*ibidem*, trad. it., p. 29). Exatamente pela relevância que o objeto tem para a autoconsciência do sujeito, as estrelas para as quais o homem levanta seu olhar são um apelo para que se realize o lema socrático: "Conhece-te a ti mesmo" (*GW* V, p. 34, trad. it., p. 29). Deus, "a *essência absoluta*", enquanto seu objeto, não faz nada além de revelar "a *sua própria essência*" (*GW* V, p. 35, trad. it., p. 29). Uma metáfora recorrente é a do espelho (*GW* V, p. 9, 34, 36, 127, 248, 369, trad. it., p. 8, 29, 30, 76, 156, 237). Assim, "*Deus é o espelho do homem*" (*GW* V, p. 127, trad. it., p. 76).

Na base da argumentação, porém, está o esclarecimento de que se deva tratar de objetos *essenciais* (*GW* V, p. 33, trad. it., p. 28). Em antítese a estes, poderia se pensar naqueles casuais. Feuerbach fala de objetos indiferentes e os faz coincidir com os objetos sensíveis. "O objeto sensível *é em si* um objeto *indiferente*, independente do modo de pensar, da faculdade do juízo; o objeto da religião, ao contrário, é um objeto *eleito* [...]. E aqui vale portanto *sem restrição alguma* o seguinte princípio: o objeto do sujeito não é nada além de a *essência objetiva do* próprio *sujeito*" (*GW* V, p. 45-46, trad. it., p. 36). Na qualidade de objeto sensível como indiferente, Feuerbach revela ainda a influência idealista; na conclusão, porém, deixa entender que se afasta dela. De fato, adiciona que o objeto sensível não pode ser reduzido apenas ao sujeito, diferentemente daquele da religião, fruto de um juízo de valor, de uma escolha subjetiva. O Deus "em si" é o Deus "para mim" (*GW* V, p. 52, trad. it., p. 40).

A distinção entre os objetos empíricos e Deus é depois desenvolvida na réplica ao teólogo Julius Müller, que havia posto a questão da existência dos objetos. Do fato de que estes espelhassem a essência do sujeito não se podia deduzir que fossem puramente subjetivos e, como tais, inexistentes. Então, a possibilidade da existência de Deus permanecia. Feuerbach replicou, reiterando a distinção entre os objetos sensíveis, externos, e os internos. A propósito, pegou o exemplo do estudioso de mineralogia, apaixonado por pedras. Estas correspondiam à sua inclinação, à sua "determinação essencial", mas isso não constituía uma razão suficiente para declará-las ilusórias (*GW* IX, p. 179). De um lado, portanto, os objetos sensíveis não eram por si indiferentes, aliás, podiam corresponder à essência íntima, uma tese que já aparecia em uma passagem de *Essência do cristianismo* (*GW* V, p. 34, trad. it., p. 29); de outro lado, esses, diferentemente dos outros, forneciam provas de sua existência. Feuerbach assim começava a abandonar nas *Teses* o idealismo e a propor nos *Princípios* o critério da sensibilidade. Nesta, todavia, também retornava a estrutura relacional elaborada na época do idealismo.

É significativo que no primeiro capítulo introdutório de *Essência do cristianismo* Feuerbach aproxime do amor a relação com o objeto, mas também a aproxime da necessidade (*GW* V, p. 35, 39, trad. it., p. 30, 32). Nessa perspectiva, havia sido importante, desde os primeiros textos, o conceito de impulso (*Trieb*), baseado no ensinamento de Fichte. Em *Abelardo*, ele havia descrito o homem que, tendo descoberto um tesouro, não tinha sossego "noite e dia" até conseguir possuí-lo. Aquele objeto tinha se tornado a sua alma (*GW* I, p. 568-569, trad. it., p. 59). Para Abelardo, era a sua Heloisa. Nas aulas de *Introdução à lógica e à metafísica,* Feuerbach havia explicado que toda a natureza era permeada pelo impulso em direção aos objetos que estavam fora, mas correspondiam ao desejo íntimo. Os viventes eram impulsionados à nutrição; a criança, à mãe; o homem, à mulher. Desse modo, superavam o seu não-ser, a sua falta, manifestando a essência. O impulso ao conhecimento era "o impulso de todos os impulsos" (*GW* XIII, p. 63-74, 156, 163, 165, 191, 194). De fato, nessa fase idealista, a totalidade, à qual a natureza tendia, era representada pelo espírito. Daí o critério de avaliação das diversas objetivações. Se o sujeito tornava objeto de amor ou, mais ainda, de adoração a sua própria individualidade, fechava-se patologicamente em si mesmo. É essa a acusação do jovem Feuerbach aos pietistas pelo fato de objetivarem o seu eu "privo de verdade" (*GW* I, p. 196, trad. it., p. 20). Ao contrário, mediante o objeto, o indivíduo devia sair de si. Não podia, porém, ir além da essência. Essa é uma convicção repetida muitas vezes por Feuerbach até mesmo em *Essência do cristianismo* (*GW* V, p. 38, trad. it., p. 31-32; cf. *GW* VIII, p. 204). A objetivação máxima era, portanto, aquela da essência. Desse modo, o indivíduo saía de si, captava o valor da humanidade e entrava em relação de amor com seus semelhantes.

Nessa perspectiva, a objetivação, mesmo sendo uma ação do sujeito, não era uma simples criação sua. O problema, porém, é estabelecer quem é o sujeito. Se este é o indivíduo, a sua diferença com o objeto, compreendido como essência humana ou gênero humano, é clara. Se, no entanto, é a própria essência que se reflete em si mesma, então, do ponto de vista ontológico, sujeito e objeto se identificam e o primeiro jamais sai de si. Apenas depois de haver criticado Hegel por ter caído em um monólogo Feuerbach enfrentaria o tema da objetivação de um outro modo. Enquanto atividade, ela deve pressupor uma passividade, como já se diz nas *Teses* (*GW* IX, p. 254, trad. it., *SF*, p. 188-189). Assim, em *Essência da religião*, a objetivação de si surge como reação ao senso de dependência. É o esforço para transformar "a essência da natureza, não popular e inquietante, em uma essência conhecida e familiar, de amaciar no calor do coração, em vista dos fins humanos, aquela natureza que por si mesma é inflexível e dura como o aço" (*GW* X, p. 40, trad. it., p. 78). Isso acontece com a personificação das forças naturais que permite que haja uma esperança em uma resposta, em uma satisfação dos desejos.

A objetivação, porém, opera também fora da religião em toda relação com a natureza. De fato, em nosso conhecimento, nós aplicamos a ela os nossos termos e os nossos conceitos, mesmo que ela devesse ser compreendida "mediante si mesma" (*GW* X, p. 61, trad. it., p. 101). A objetivação não é puramente subjetiva, ela capta algo do objeto, mas sempre através da subjetividade, como Feuerbach precisou na réplica a Haym. Entre o objeto em si e aquele captado pelo sujeito, dava-se uma identidade, mas esta era sempre parcial e provisória. Entre o original e a tradução, permanecia a distinção (*GW* X, p. 345).

Em *Espiritualismo e materialismo*, a objetivação do sujeito é essencial para distinguir o materialismo proposto por Feuerbach de todos aqueles materialistas que reduzem a natureza a matéria morta. Dando razão aos idealistas, ele declara que o mundo "é apenas o meu si objetivado", ao mesmo tempo precisando: "pelo modo em que me é dado" (*GW* XI, p. 171, trad. it., p. 183). Por um lado, portanto, o mundo existe em si mesmo, em sua autonomia; por outro, eu me refiro a ele na objetivação. A conciliação dos dois lados de forma coerente é uma questão que aqui não conseguiremos abordar.

Sujeito (*Subjekt*) e predicados (*Prädikate*); ver também inversão. A tese sobre a qual se fundamenta a análise do conceito de Deus em *Essência do cristianismo* é a de que a verdade do sujeito é dada pelo predicado. Por isso, a teologia negativa, que pretende manter Deus removendo todos os predicados enquanto expressões humanas, é, para Feuerbach, uma incredulidade latente: "Uma essência priva de determinações é uma essência não objetiva e uma essência não objetiva é uma essência nula. Quando o homem remove de Deus todas das determinações, Deus permanece para ele apenas uma essência *negativa*. Para quem é verdadeiramente religioso, Deus não é uma essência priva de determinações, já que é uma essência *certa*, *real*. A essência de determinações e, coisa que identifica-se ali, a incognoscibilidade de Deus é portanto apenas fruto do tempo moderno, produto da incredulidade moderna" (*GW* V, p. 49, trad. it., p. 38-39). Até mesmo aqueles que estabelecem uma diferença entre os predicados e o sujeito, dizendo que os primeiros, são, sim, expressões humanas, mas servem para indicar Deus, que em si é diverso, cairiam, segundo Feuerbach, no mesmo erro: "Esta distinção entre o que Deus é *em si* e aquilo que é *para mim* destrói a paz da religião e é, além disso, em si mesma, uma distinção sem fundamento ou consistência. Não posso de fato saber se Deus é algo de *outro* em si ou por si em relação àquilo que é *para mim*; *assim como* ele é para mim, *tudo* é para mim. É exatamente nestes predicados em que é para mim que consiste para mim o seu ser-em-si, a sua própria *essência*" (*GW* V, p. 51-52, trad. it., p. 40). O algo de outro em relação aos predicados significa, para ele, o irracional, o arbitrário.

A relação entre sujeito e predicado evoca o juízo e, em particular, a sua interpretação não só lógica, mas também ontológica, por parte de Hegel. Na obra de sua juventude, *Aulas de lógica e metafísica*, Feuerbach se vinculava a essa relação, afirmando que "todo desenvolvimento é um julgamento" e que a planta, antes um conjunto no embrião, "divide-se em sujeito e predicados", mantendo a unidade, aliás, reconfirmando a unidade continuamente (*GW* XIV, p. 318). Nessa perspectiva, podia-se assimilar o sujeito ao ente e os predicados às suas qualidades ou determinações. Sem estas, não se podia definir o ente. Da mesma forma, sem os predicados não se podia conhecer o sujeito (*GW* XIV, p. 320).

Também nas *Preleções sobre a história da filosofia moderna* Feuerbach reconhecia a Hegel o mérito de ter mostrado que, no juízo, o sujeito era sempre mediado por um predicado (FEUERBACH, 1974, p. 151-156).

Com esse pano de fundo fica mais fácil compreender a importância designada em *Essência do cristianismo* aos predicados. Na identificação destes, porém, emerge, exatamente nesta obra, uma clara diferença entre predicados metafísicos e predicados pessoais. Quais são peculiares de Deus, objeto da religião? A resposta é clara: "Os predicados divinos todavia são por um lado universais, e de outro lado, pessoais. Os universais são metafísicos, mas servem à religião apenas como ponto de engate mais exterior; não são as *determinações características* da religião. Unicamente os predicados *pessoais* são aqueles que constituem a essência da religião e nos quais é objeto a essência divina da religião" (*GW* V, p. 62-63, trad. it., p. 43). Na terceira edição da obra, Feuerbach adicionaria que os predicados universais podem também ser tomados "como fundamento" (*ibidem*), mudando radicalmente o valor deles: na primeira edição, são predominantes os predicados pessoais, e o homem encontra em Deus aquele que o escuta; na terceira edição, o predomínio dos predicados universais se deve à dependência do homem em relação à natureza.

Se permanecemos na edição original, observamos que, diferentemente dos predicados metafísicos, os predicados pessoais dificilmente podem ser traduzidos em conceitos. Eles se dão mais através de ações. Na verdade, estamos perto da ruptura com Hegel e do abandono do idealismo.

Quando, então, nas *Teses* o ser é posto como sujeito e o pensamento é posto como predicado (*GW* IX, p. 258, trad. it., *SF*, p. 193), ele se encontra de frente a uma tarefa árdua. Pode exprimir toda a riqueza do ser? Nos *Princípios*, a resposta é negativa. O pensamento não pode representar a realidade se não em modo fragmentário, com interrupções, empobrecendo-a (*GW* IX, p. 330-331, trad. it., *SF*, p. 265-266). O "isto", a individualidade, permanece "*inefável*" (*GW* IX, p. 308, trad. it., *SF*, p. 243). O sujeito então volta a fugir do predicado, mesmo que, para Feuerbach, esteja apegado à sensibilidade.

Enfim, em *Essência da religião*, quando entra em jogo a natureza não humana, esta coincide ainda menos com os predicados provenientes da expressão e da língua do homem. Isso significa não apenas que a natureza possa ser aproximada da kantiana "coisa em si" (*GW* X, p. 61, trad. it., p. 101), mas que a vida, em sua origem e em seu permanecer, é uma totalidade e não pode ser dividida do intelecto em componentes individuais (*GW* X, p. 20, trad. it., p. 57). Significaria operar como o anatomopatologista e "com o bisturi querer resolver o enigma da vida" (*GW* X, p. 134).

IV.

História da recepção[1]

1 Indicamos apenas as linhas fundamentais nas quais aconteceu a recepção do pensamento de Feuerbach após a sua morte. Para uma história da crítica ate os anos setenta do século passado com preciosas notícias sobre os expoentes do século XIX e do começo do século XX, ver Cesa, 1978, p. 139-171. Há uma ampla análise até 1990 também em Perone, 1992, p. 167-208.

1. Os primeiros feuerbachianos e suas coletas de documentação

Enquanto ainda era vivo, Feuerbach teve a satisfação de ver algumas traduções. Depois de uma versão de 1850 que havia o deixado insatisfeito, saiu na França, em 1864, a tradução de *Essência de cristianismo*, de Joseph Roy e Marie-Édouard Vaillant, que trocaram cartas com Feuerbach. No mesmo ano, Roy publicou também uma antologia dos seus textos intitulada: *La religion, mort, immortalité*. Em 1856, saiu nos Estados Unidos, por obra da escritora George Eliot (Mary Anne Evans), a tradução em inglês de *Essência do cristianismo*, que teve grande aceitação até mesmo entre as camadas baixas da população. Feuerbach também ficou sabendo sobre essa tradução e sobre seu impacto nas pessoas humildes.

Tinha, porém, motivos para se lamentar. Enquanto a *Essência do cristianismo* e os dois textos antropológicos que se seguiram tinham tido sucesso e suscitado amplos debates, com intervenções, críticas e até livros a ele dedicados, as obras da maturidade passaram em silêncio. A essa tendência tentaram reagir os primeiros feuerbachianos, que adotaram como critério interpretativo o pensamento maduro do filósofo e, com base nele, julgaram as obras precedentes. Na verdade, o próprio Feuerbach havia contribuído para essa distorção por ocasião da reedição de seus textos em *Sämmtliche Werke* (1846-1866). Apenas em poucos casos, como em *Leibniz*, havia distinguido os aditamentos com a data da nova edição. No máximo, havia ampliado ou corrigido os textos sem sinalizar. Foi o que aconteceu na terceira edição de *Essência do cristianismo* (1849), em que as intervenções modificaram aqui e ali o sentido até contradizer, às vezes, as teses originais, ou, mais ainda, com *Pensamentos sobre a morte e a imortalidade*, em que as refações foram consistentes no esforço em ocultar a sua impostação idealista original. É natural que um pensador tente harmonizar as várias posições assumidas no curso de seu caminho. Feuerbach, por um lado, não escondeu a própria ruptura com Hegel; por outro, porém, evidenciou esses pontos que desde a juventude o haviam distinguido do mestre. Os primeiros feuerbachianos, em grande parte jovens entusiastas de seu ensinamento, acentuaram fortemente essa tendência.

O primeiro, que merece ser mencionado, é Karl Grün, que, no período anterior à revolução de 1848, havia proposto um socialismo humanista, inspirado no pensamento de Feuerbach, em particular em sua ideia de gênero humano, de comunidade e de amor.

Em nome da família Feuerbach, ele acessou a abundante herança de cartas inéditas do filósofo e publicou uma seleção de cartas e escritos (C. F. Winter, *Ludwig Feuerbach in seinem Briefwechsel und Nachlaß sowie in seiner philosophischen Charakterentwicklung dargestellt*. Heidelberg: Universidade de Leipzig, 1874, 2 vols.), que por muito tempo foram o ponto de referência obrigatório. Não se trata de uma fonte muito confiável: os inéditos tinham sido muito frequentemente mutilados ou transcritos de modo inexato. Além disso, haviam desaparecido escritos muito importantes, sobretudo do período juvenil. Em sua desculpa, deve-se, porém, ter em mente a dificuldade do empreendimento frente a milhares de folhas, acumuladas sem uma ordem clara e com uma grafia frequentemente obscura. Aquele trabalho demandaria bem mais que os escassos dois anos que se passaram da morte do filósofo à publicação. Grün enquadrou depois o pensamento de Feuerbach na filosofia contemporânea, insistindo nas obras da maturidade (*Philosophie in der Gegenwart: Realismus und Idealismus.* Lípsia: Wigand, 1876).

Um outro feuerbachiano do início, bem mais especialista em filosofia e literatura, foi Wilhelm Bolin, que, impressionado com os escritos de Feuerbach, aos 22 anos (em 1857), partiu de sua cidade, Helsinki, para visitá-lo. Entre eles se desenvolveu uma correspondência por cartas que tocou em assuntos importantes. Bolin, interessado também em Schopenhauer, induziu Feuerbach, bastante relutante, a confrontar-se com o filósofo de Gdansk. Até lhe enviou de presente alguns textos de Schopenhauer, que Feuerbach utilizou em *Espiritualismo e materialismo*. Nutria um forte interesse pela filosofia de Kant e acolheu favoravelmente a ideia expressa por Feuerbach segundo a qual a crítica poderia se declinar em um sensualismo não dogmático. Não havendo, para ele, qualquer perspectiva de carreira universitária, permaneceu trabalhando como bibliotecário na Universidade de Helsinki, tendo um papel ativo na cultura literária e filosófica alemã. Quando saiu a coleção documental de Grün, ele fez apontamentos em uma brochura, indicando seus limites. Então começou a trabalhar para coletar e ordenar as informações e publicou um livro que permanece fundamental pela rica documentação: *Ludwig Feuerbach: Sein Wirken und seine Zeitgenossen mit Benützung ungedrückten Materials* (Estugarda: Cotta, 1891). Ali, nota-se a atenção para com o homem Feuerbach em seu relacionamento com a família e os amigos, mas também para com o pensador, em estreito relacionamento com o variado mundo da cultura literária, artística e filosófica. Enquanto em relação ao hegelianismo Bolin mostra uma certa antipatia, em relação a Kant ele indica a possibilidade de valorizar a sensibilidade não como limite, mas como condição para a consciência. A perspectiva sugerida pelo pensamento maduro de Feuerbach o leva a diminuir a importância das obras juvenis e a sua impostação idealista. O sentido de *Essência do cristianismo* também aparece distorcido.

Ele promoveu importantes iniciativas. Tendo tido conhecimento do livro de um jovem dinamarquês, Carl Nicolai Starcke, sobre Feuerbach, que mostrava um sólido uso das fontes e evidenciava o relacionamento com Kant, Bolin, com entusiasmo, se esforçou para publicá-lo em alemão. Essa publicação, como veremos em seguida, teve grande influência no debate em torno da concepção complexiva de Feuerbach.

Enquanto isso, Friedrich Jodl, docente na Universidade de Praga, interessado sobretudo em temas éticos, havia mostrado apreciação pelo pensamento de Feuerbach em uma resenha histórica da ética na filosofia moderna. Bolin ficou bem impressionado e o contatou. Da cooperação entre eles, nasceu uma nova edição das obras de Feuerbach, com uma maior atenção filológica: *Sämtliche Werke* (Estugarda/Bad Cannstatt: Frommann, 1903-1911, 10 vols.). Até os anos sessenta do século passado, ela foi a edição de referência. No mesmo período, Bolin publicou, como recurso insubstituível, dois volumes de cartas, precedidas de uma ampla biografia (*Ausgewählte Briefe von und an Ludwig Feuerbach*. Lípsia: Wigand, 1904).

Enquanto isso, Jodl redescobria em Feuerbach muitas afinidades com a sua concepção ética e com a sua militância no "movimento ético" ou "monístico". Convencido do fato de que o "naturalismo" de Feuerbach, excluindo qualquer transcendência, desenvolvia-se em um monismo próximo às exigências da ciência e da sociedade contemporânea, segundo uma perspectiva socialista alternativa àquela marxista, publicou o seu livro *Ludwig Feuerbach* (Estugarda/Bad Cannstatt: Frommann, 1904). Nesse mesmo ano, o jovem Martin Buber, do qual falaremos, foi seu aluno.

Enfim, outras informações documentais estão contidas na obra de Adolph Kohut (*Ludwig Feuerbach: Sein Leben und seine Werke nach den besten, zuverlässigsten und zum Teil neuen Quellen geschildert*. Lípsia: Fritz Eckardt, 1909).

2. O debate sobre o materialismo e a interpretação marxista

A sombra de Kant, que, como vimos, pairava sobre os interesses filosóficos de Bolin, já se havia apresentado em relação à questão do materialismo de Feuerbach, colocada com clareza por Friedrich Albert Lange (*Geschichte des Materialismus und Kritik seiner Bedeutung in der Gegenwart*. Iserlohn: [s.n.], 1866). Segundo ele, "a exaltação unilateral do homem" impedia que se definisse Feuerbach um materialista. Este, porém, havia retornado para antes da crítica de Kant, alegando que a sensibilidade captava não apenas os fenômenos, mas a essência. A obra de Lang, publicada no mesmo ano em que Feuerbach se aproximava do materialismo "alemão", associado à reforma protestante e orientado a fins terapêuticos, considerou os escritos de Feuerbach apenas até os *Princípios*. Foi, assim, fácil para Grün acusá-lo de não ter levado em conta as obras sucessivas. Além disso, a possibilidade de um conhecimento além dos fenômenos repropunha a questão da "coisa em si", da qual, como vimos, o próprio Feuerbach, em *Essência da religião*, havia reconhecido o mérito, aplicando tal conceito à natureza. Quem colocou em foco o problema foi Albrecht Rau (*Ludwig Feuerbach's*

Philosophie: Die Naturforschung und die philosophische Kritik der Gegenwart. Lípsia: Barth, 1882), que tocou a questão. Enquanto no mesmo período o neokantismo abandonava a "coisa em si", Rau também a definia como uma aporia que Feuerbach, com seu naturalismo havia evitando ao rejeitar o dualismo de fenômeno e essência. As suas conclusões, no entanto, mostravam uma coerência discutível. Feuerbach tinha sido materialista, tendo sustentado que matéria e espírito eram "apenas duas faces da mesma realidade". A separação dos fenômenos da essência reaparecia também porque, segundo Rau, nenhum fenômeno manifestava toda a essência.

Uma posição bem mais articulada e coerente foi sustentada pelo jovem dinamarquês Starcke, apreciado por Bolin, que até lhe atribuiu o mérito de tê-lo conduzido aos seus primeiros temas filosóficos. Em seu livro (*Ludwig Feuerbach*. Estugarda: F. Enke, 1885), Starcke reconheceu algum fundamento às críticas de Lange sobre o pensamento antropológico até os *Princípios*, mas ressaltou que a concepção de Feuerbach havia mudado. Não podia, porém, ser definida como um materialismo verdadeiro. De fato, a consciência não era o produto de um órgão. Mas havia uma consistência funcional entre o processo nervoso, de um lado, e os sentimentos, as representações, o pensamento, de outro lado. A suposta coisa em si não devia ser compreendida em sentido metafísico, mas sim como uma lacuna entre o conhecimento efetivo do homem e o âmbito a ser explorado, que permanecia inexaurível para quem era apenas uma parte, não a finalidade do universo. Mesmo que relativa e parcial, a consciência humana permanecia objetiva. Em sua defesa do pensamento maduro de Feuerbach, Starcke mostrou grande sensibilidade pela problemática crítica, ligada à filosofia de Kant e reproposta pelo neokantismo.

A sua negação do materialismo de Feuerbach provocou a reação imediata de Friedrich Engels, que, na brochura *Ludwig Feuerbach und der Ausgang der klassischen deutschen Philosophie* ("Die neue Zeit", 1886, e, em livro, Estugarda: Dietz, 1888; trad. it. Roma: Editori Riuniti, 1950), insistiu com força no "materialismo puro" de Feuerbach, que seria recolocado "no trono" com a *Essência do cristianismo*. Ele reevocava, com mais de 45 anos de distância, o forte despertar provocado por aquela obra e explicava a sua concepção, afirmando que "a consciência e o pensamento, por mais que pareçam suprassensíveis, são o produto de um órgão material, o cérebro". Como já vimos, em algumas páginas de *Essência do cristianismo*, Feuerbach sustenta a prioridade da matéria em relação ao espírito, mas evita falar de causalidade, e isso não apenas nessa obra, mas também nas obras sucessivas. Engels reconheceu uma certa prudência em Feuerbach, mas a atribuiu à sua preocupação em se diferenciar do materialismo mecanicista. A propósito, ele invocava a dialética de Hegel, que, interpretada em sentido materialista, permitiria superar a questão da "coisa em si". Enfim, identificava a permanência do idealismo na concepção moral de Feuerbach, ainda baseada nos ideais do amor e da humanidade. Como apêndice, Engels publicou as *Teses a Feuerbach*, escritas com Marx durante a redação de *Ideologia alemã*. Ali atacava-se a visão contemplativa de Feuerbach, a visão "objetivista" ainda abstrata do homem e a desvalorização da práxis concreta, emancipadora. A crítica incluía também a visão da natureza como ente independente da ação humana.

As linhas traçadas pela brochura de Engels se tornaram o cânone normativo da interpretação marxista por cerca de um século: já em *Essência do cristianismo*, afirmava-se, sem sombra de dúvidas, o materialismo, e este, unido inseparavelmente à crítica da religião, havia constituído a passagem à concepção de Marx e Engels, que, retomando a dialética hegeliana e reavaliando a práxis econômico-social, havia se desenvolvido no materialismo dialético. Tal leitura fez com que se deixassem de lado não apenas muitos elementos presentes em *Essência do cristianismo* e inconciliáveis com essa, mas também o conjunto do caminho de Feuerbach, seja o idealista, da juventude, seja o naturalista, da maturidade. Os primeiros sinais do abandono desse cânone se farão sentir, como veremos, perto dos anos setenta do século passado, mas vão se realizar plenamente apenas com a queda dos regimes comunistas na Europa oriental.

Devemos, porém, marcar, no campo marxista, exemplos importantes nos quais não se registrou um nivelamento sobre o modelo estabelecido. Antes de tudo, G.V. Plekhanov (*Os problemas fundamentais do marxismo*, 1908; edição alemã de 1910) defendeu a articulação coerente do materialismo feuerbachiano, que se refletia também sobre a ética e a filosofia política, e captou de forma acurada a sua base naturalista na relação com a filosofia de Spinoza. O próprio V.I Lenin, em *Materialismo e empiriocriticismo* (Moscou, 1909; trad. it. Roma: Editori Riuniti, 1963), mergulhou no pensamento de Feuerbach sucessivo a *Essência do cristianismo* para repelir, através de seu "coerente" materialismo, o empiriocriticismo. Ele reavaliou o conceito de "coisa em si" aplicado à natureza, referindo-se à réplica de Feuerbach a Haym. Por trás daquele conceito, Kant havia mantido um rastro de realismo que Feuerbach evidencia, esclarecendo que, antes do aparecimento do homem, a natureza era "uma entidade absolutamente não humana".

Através do naturalismo, aconteceria, na segunda metade do século XX, a reavaliação de Feuerbach por parte de estudiosos marxistas. Uma perspectiva diferente seria aberta por Ernst Bloch, como veremos.

3. Perspectivas de redescoberta no século XX

O ensinamento de Jodl teve efeitos sobre Martin Buber, que, em Feuerbach, indicou um importante precursor da filosofia dialógica. Em *Ich und Du* (Lípsia: Insel Verlag, 1923; trad. it.: *Io e tu.*

Milão: Edizioni di Comunitá, 1958), *Das Problem des Menschen* (publicado em hebraico em 1942 e em alemão em 1947; trad. it.: *Il problema dell'uomo*. Bolonha: Pàtron, 1972), *Zur Geschichte des dialogischen Prinzips* (p. 154) chamou a atenção para as *Teses* e para os *Princípios*, mas sobretudo para a concepção do sujeito em relação com o outro. Este, porém, não era assimilável a um objeto, era um "frente a", com uma conotação transcendente, e remetia a um "eterno você". Ao contrário, Feuerbach, tendo eliminado essa possibilidade, cumpriria uma "redução" do homem na sua relacionalidade aberta. A leitura de Buber, mesmo inspirada em uma perspectiva religiosa e bíblica, fez com que seus efeitos fossem sentidos até por nós.

Uma leitura análoga, conduzida de modo autônomo, foi a do jovem Karl Löwith, que, em sua dissertação (*Das Individuum in der Rolle des Mitmenschen*, Munique: [s.n.], 1928; trad. it.: *L'individuo nel ruolo del co-uomo*. Nápoles: Guida, 2007), dizia ater-se ao método fenomenológico do seu mestre Heidegger. De fato, no conceito de "homem-com"* desenvolvia o tema heideggeriano do "ser-no-mundo" como "ser-em" e "ser-com". Todavia, na base de tal conceito, voltava atrás. Antes de tudo, tomava o termo de "homem-com", do neokantiano Hermann Cohen,

* N.T.. O termo *Mitmensch*, ou literalmente "homem-com", foi usado filosoficamente pela primeira vez por Heidegger. Sobretudo na linguagem teológica e cristã, é comumente acompanhado dos termos "o próximo" ou "o semelhante", indicando o homem que existe com os outros homens.

mas, sobretudo, via nas *Teses* e nos *Princípios* de Feuerbach pontos importantes. Aliás, sua conotação humanística e comunitária servia ao jovem como corretivo àquela tendência que depois denunciaria em Heidegger: a tendência ao isolamento mediante o apelo a uma suposta autenticidade. Daí a acentuação da estrutura ôntica relacional que Feuerbach havia evidenciado, remetendo à natureza.

Quando, à beira da Segunda Guerra Mundial, examinava a crise do mundo contemporâneo em suas raízes culturais e durante o conflito publicou *Von Hegel su Nietzsche* (Zurique/Nova Iorque: Europa Verlag, 1941; trad. it.: *Da Hegel a Nietzsche*. Turim: Einaudi, 1949), focalizava de novo a sua atenção sobre Feuerbach, evidenciando que ele, junto a outros expoentes da esquerda hegeliana, tinha tomado para si o impulso de renovação de Hegel, mas havia despedaçado seu sistema. De um lado, acabou por simplificar e empobrecer a articulação dialética do mestre; de outro, evocando a imediatez da vida, realizou um efeito disruptor sobre a cultura. Por esse efeito, ele podia ser comparado a Marx ou a Kierkegaard. Essa leitura historiográfica difusa, depois da Segunda Guerra Mundial, teve muito eco e contribuiu para emancipar Feuerbach da ideia de que seria uma figura de passagem de Hegel a Marx.

Löwith, porém, não terminou aqui o seu confronto com Feuerbach e voltou a ele quase no fim da sua vida. Em um ensaio chamado *Vermittlung und Unmittelbarkeit bei Hegel, Marx und Feuerbach* (1966), ele vê na imediatez com que Feuerbach tinha feito valer, em *Crítica da filosofia hegeliana*, a via de saída do círculo de reflexão abstrata, fechada em si. A defesa da sensibilidade em seu caráter "espiritual" e da natureza em sua independência, então, seria um antídoto à práxis manipuladora que Marx, sob influência da dialética hegeliana, proporia, e que a civilização contemporânea, através de diversas ideologias, teria tomado para si.

Um outro pensador que abriu novos horizontes foi o teólogo calvinista Karl Barth, que, em torno dos anos vinte do século passado, afastava-se claramente da teologia liberal, hegemônica no protestantismo do século XIX. Esta tinha pretendido chegar a Deus partindo do homem, mas acabou permanecendo no humano. O ateísmo de Feuerbach demonstrava a impossibilidade de tal percurso. O filósofo de *Essência do cristianismo*, portanto, se tornava um aliado graças à sua radicalidade clarividente e à sua coerência. Em repetidas intervenções (*Feuerbach*, 1922; "Ludwig Feuerbach". *In*: *Zwischen den Zeiten*, 1927; *Die Theologie und die Kirche*, 1936, trad. it.: *Antologia*. Ed. E. Riverso. Milão: Bompiani, 1964; *Die protestantische Theologie im XIX Jahrhundert*. Zurique: Theologischer Verlag, 1946, trad. it.: *La teologia protestante nel XIX secolo*. Milão: Jaca Book, 1980), Barth expressou a sua simpatia por Feuerbach, atribuindo-lhe competência "no campo bíblico, no campo patriótico e sobretudo no conhecimento de Lutero". O seu interesse pela religião, cultivado até o fim da vida, foi expressão de um "amor infeliz". A teologia contemporânea devia passar através dele, cumprindo aquela "hidroterapia" prometida por ele através da sua crítica. Certamente Barth invocava Feuerbach para uma finalidade paradoxal: combater o antropocentrismo da teologia através daquele que havia reduzido Deus ao homem. Mas ele, redescobrindo na luta antiteológica de Feuerbach uma paixão teológica, e em seu discurso sobre o homem uma nova necessidade de concretude, levou a teologia em direção a uma posição não mais de fechamento apologético, mas de profundo confronto e envolvimento. Isso se tornaria mais evidente, também no mundo católico, depois do Concílio Vaticano II e a partir da difusão da teologia da secularização.

A posição singular assumida por Ernst Bloch em livros importantes (*Subjekt-Objekt: Erläuterungen zu Hegel*. Berlim: Aufbau, 1951, trad. it.: *Soggetto-Oggetto*. Bolonha: il Mulino, 1962; *Das Prinzip Hoffnung*. Frankfurt a.M.: Suhrkamp, 1959, trad. it.: *Il Principio Speranza*. Milão: Garzanti, 1994) contribuiu a novas aberturas em relação a Feuerbach no campo marxista. De um lado, ele insistiu no caráter humanista do materialismo de Feuerbach, que lhe havia permitido exaltar os aspectos qualitativos conectados à sensibilidade; de outro lado, captou nele um dinamismo utópico, ligado à transcrição da religião na esfera terrena.

Sobre a função emancipadora da sensibilidade feuerbachiana contra um desfrute consumista seu e no horizonte de uma teologia da secularização, escreveu então Marcel Xhaufflaire (*Feuerbach et la théologie de la secularisation*. Paris: Cerf, 1970).

É natural que também a escola de Frankfurt tenha tratado de Feuerbach. O expoente que mais o confrontou, chegando a uma reavaliação clara sobre ele, foi Alfred Schmidt. Em sua dissertação (*Der begriff der Natur in der Lehre von Marx*. Frankfurt a.M.: Europäische Verlagsanstalt, 1962; trad. it.: *Il concetto di natura in Marx*. Roma/Bari: Laterza, 1973²), que se tornou um livro de sucesso traduzido em dezoito línguas, ele, mesmo dando grande relevo a Feuerbach pela sua insistência sobre a sensibilidade humana e pelo seu materialismo centrado na vida, subscrevia ainda aquela interpretação que via em Marx a sua superação para uma maior concretude na visão do homem e para a proposta de uma práxis emancipadora. Em seguida, porém, terminou por reavaliar exatamente aqueles aspectos criticados por Marx e Engels, afirmando que poderiam ter sido um precioso corretivo. No livro *Emanzipatorische Sinnlichkeit, Ludwig Feuerbachs anthropologischer Materialismus* (Munique: Hanser, 1973; trad. it.: *Il materialismo antropologico di L. Feuerbach*. Bari: De Donato, 1975), ele continuava a reconhecer em Feuerbach uma certa inadequação na visão econômico-social e na concepção da práxis, mas evidenciava a importância da atitude contemplativa, do chamado à corporeidade e à sensibilidade imediata contra o predomínio da manipulação tecnológica tanto no mundo capitalista quanto no mundo comunista. Para que o homem, em suas atividades, combinasse apropriação e conciliação, transformação dos outros entes e manutenção do ser destes, ele devia se apropriar da lição de Feuerbach. Em relação a isso, Schmidt reevocava as análises de Adorno sobre a violência exercida pela nossa civilização contra os objetos desconhecidos na originalidade e na diferença deles e também as análises de Marcuse sobre o homem expropriado de sua criatividade. Remetia também às intuições de Löwith. A reavaliação de Feuerbach acontecia em duas direções: em direção ao homem, para o qual se ressaltava o valor emancipador e criativo da sensibilidade, e em direção à natureza, que devia ser recuperada em sua prioridade e independência do homem. A leitura de Schmidt contribuiu não só a ressaltar a importância da antropologia de Feuerbach, como delineada nas *Teses* e nos *Princípios*, mas também a recuperar o seu naturalismo a partir de *Essência da religião*. Um autêntico reconhecimento da natureza teria podido levar a uma verdadeira emancipação humana.

4. Novas descrições da evolução de Feuerbach

Entre as numerosas monografias sobre Feuerbach publicadas no século XX, o primeiro plano é o daquele de Simon Rawidowicz (*Ludwig Feuerbachs Philosophie: Ursprung und Schicksal*. Berlim: Reuther & Reichard, 1931; reprodução: Berlim: De Gruyter, 1964), que, por trás da influência dos novos estudos hegelianos, redescobriu o idealismo presente nos textos juvenis de Feuerbach, demonstrando a falta de credibilidade dos esquemas impostos por mais de cinquenta anos, que deixavam de lado ou diminuíam o débito do filósofo em relação a seu mestre. Retornando às primeiras edições dos textos, reconstruindo o contexto deles na rede de relacionamentos com outros pensadores contemporâneos e utilizando com rigor a literatura secundária, Rawidowicz começou aquela reconstrução da evolução de Feuerbach, que prosseguirá depois com muitos outros estudiosos. Certamente o seu olhar voltado principalmente ao relacionamento com Hegel o impediu de captar certos aspectos originais de Feuerbach e, sobretudo, de valorizar os textos em que o pensador se destacava do mestre e construía uma filosofia sua. Todavia, havia-se enveredado por uma nova estrada. No livro, há também uma parte consistente em que se estabelecem relações, influências ou analogias entre Feuerbach e a cultura contemporânea. Trata-se de uma parte compilatória, mas rica de informações e perspectivas. O seu interesse por Feuerbach foi bruscamente interrompido pela perseguição nazista contra os judeus. Emigrado nos Estados Unidos, ele voltou os seus estudos a importantes figuras da cultura judaica.

Na França, Henri Arvon, estudioso do individualismo de Stirner e apaixonado pelos temas da existência, em seu livro sobre Feuerbach (*Ludwig Feuerbach ou la transformation du sacré*. Paris: PUF, 1957), descreveu a evolução deste, concentrando o olhar sobre a fase antropológica que subverte a relação entre existência e essência e estabelece como fundamental a relação entre eu e você. Depois dessa, a fase naturalista marcaria um declínio de seu pensamento, que, de um lado, se acorrentaria ao altar de uma "natureza tirânica" e, de outro lado, não aceitaria essas correntes. Disso derivaria uma inquieta oscilação entre a afirmação do materialismo e a sua única e verdadeira preocupação pelos temas da religião, os quais fundamentalmente não queria eliminar, mas reinterpretar em um horizonte laico. A sua desvalorização do naturalismo e dos escritos feuerbachianos a partir de *Essência da religião* foi reafirmada também na síntese publicada por ele sucessivamente (*Feuerbach, sa vie, son oeuvre avec un exposé de sa philosophie*. Paris: PUF, 1964).

A Itália foi a nação em que, fora da Alemanha, multiplicaram-se os estudos mais fecundos sobre Feuerbach, combinando perspectivas teóricas e historiográficas. Já nos anos trinta do século passado, Franco Lombardi (*L. Feuerbach*. Florença: La Nuova Italia, 1935), em seu comprometimento para voltar o idealismo gentiliano aos sujeitos concretos, indicava em Feuerbach pontos críticos importantes. Logo ele abandonaria o idealismo e insistiria ainda mais no sujeito-homem como ponto de partida de todo conhecimento.

Uma reconstrução da formação e da evolução do pensamento juvenil de Feuerbach, atenta ao contexto familiar e cultural, como também às relações com os pensadores contemporâneos, foi feita por Claudio Cesa em um livro que permanece um importante ponto de referência (*Il giovane Feuerbach*. Bari: Laterza, 1963). Este chega até Leibniz. Em seguida, porém, muitos de seus artigos exploraram os escritos sucessivos e as relações de Feuerbach com os outros expoentes da esquerda hegeliana. Junto ao mérito de ter evidenciado muitos temas originais de Feuerbach, Cesa insistiu em exigir rigor filosófico e pesquisa das fontes, encorajando continuamente os jovens nesse sentido. Fez, também, a curadoria de traduções das obras do filósofo.

Enrico Rambaldi, com seu livro (*La critica antispeculativa di L.A. Feuerbach*. Florença: La Nuova Italia, 1966), examinou os escritos de 1838 a 1843, sustentando de forma persuasiva que a ruptura de Feuerbach com Hegel acontece depois de *Essência do cristianismo*, com as *Teses*, enquanto o ensaio *Para a crítica da filosofia hegeliana* se propõe apenas a corrigir o hegelianismo de forma que se abra à concretude do homem. Ele reconheceu no arco de tempo anterior à ruptura uma filosofia intermediária, que, segundo a própria expressão de Feuerbach, pode-se chamar de genético crítica.

Leonardo Casini viu na subjetividade concreta do homem feuerbachiano a possibilidade de conceber a história sem esquemas pré-constituídos. Em seu livro (*Storia e umanesimo in Feuerbach*. Bolonha: il Mulino, 1974), que parte da formação universitária e chega até o texto sobre *Lutero*, ele justifica, portanto, o consistente trabalho historiográfico de

Feuerbach. Interessado no discurso de Marcuse sobre a função emancipadora da arte, evidenciou, em outros ensaios, como o discurso feuerbachiano sobre sensibilidade também tem uma valência liberadora.

Feruccio Andolfi demonstrou grande atenção aos temas éticos. Em seu livro (*L'egoismo e l'abnegazione: L'itinerario etico della sinistra hegeliana e il socialismo.* Milão: FrancoAngeli, 1983), ele ressaltou a preocupação de Feuerbach em chegar ao homem concreto, mas também salientou a sua insuficiente avaliação da originalidade e da insubstituibilidade do indivíduo, exigida por Stirner e pelos expoentes do anarquismo. Nos ensaios dedicados à moral, ilustrou o eudemonismo de Feuerbach, mas também a sua dificuldade de captar o lado utópico do desejo. Fez a curadoria da tradução de vários textos de Feuerbach.

5. A recente documentação e o seu significado

Em 1956, um jovem estudioso, Werner Schuffenhauer, descobriu na biblioteca universitária de Munique, deixadas por Feuerbach, milhares de folhas desordenadamente guardadas em uma grande maleta de couro. Daí nascia o seu propósito de tornar conhecidos aqueles materiais, em particular as cartas, em grande parte desconhecidas. Vindo da República Democrática Alemã, devia lidar com não poucas dificuldades de natureza logística e política.

Havia também o condicionamento da leitura canônica de Feuerbach, estabelecida pelo livro de Engels. É possível sentir inegáveis traços disso em seu livro, *Feuerbach und der junge Marx* (Berlim: Deutscher Verlag der Wissenschaften, 1965, 1972²), junto à atenção aos dados históricos. Querendo realizar uma nova edição dos textos de Feuerbach, antes de tudo realizou os dozes volumes das obras, os *Gesammelte Werke* (Berlim: Akademie Verlag, 1967-1981), que têm o mérito de propor como base, pela primeira vez, a edição original e, nas notas, as variações das edições sucessivas. Torna-se, assim, fácil reconstruir a evolução do escritor, mas também a história de um texto. Por isso, essa edição das obras é insubstituível. Em seguida, Schuffenhauer publicou, de 1984 a 2004, cinco volumes de cartas (XVII-XXI), ou seja, 1200 cartas com mais de 120 correspondentes. A respeito das edições precedentes, o epistolário é quintuplicado. São lançados também dois volumes de inéditos (XIII-XIV), relativos às aulas dadas por Feuerbach em Erlangen na juventude. Esses novos dados permitiram aprofundar, de um lado, a relação de Feuerbach com o idealismo e, de outro, as suas vastas relações com o ambiente histórico e cultural. Como o próprio Schuffenhauer ressaltou, corrigindo a imagem difundida por Engels, Feuerbach não se isolou do mundo e não só participou ativamente da revolução de 1848, mas continuou até o fim de sua vida a se interessar e promover movimentos de crítica e de emancipação.

Uma pesquisa preciosa sobre a formação de Feuerbach até os primeiros anos da universidade foi conduzida por Uwe Schott, que, em seu livro (*Die Jugendentwicklung Ludwig Feuerbachs bis zum Fakultätswechsel 1825: Zur Genese der Feuerbachschen Religionskritik*. Gotinga: Vandernhoeck & Ruprecht, 1973), divulgou os conteúdos de inéditos, em particular apontamentos sobre *Cartas relacionadas ao estudo da teologia* de Herder, feitos por Feuerbach antes de se matricular na universidade.

Nesse meio tempo, um jovem estudioso italiano, Carlo Ascheri, antes de sua morte aos 31 anos, concentrou sua atenção sobre vários inéditos do fundo de manuscritos de Feuerbach, em particular as aulas de Erlangen. O primeiro fruto que conseguiu publicar foi o inédito *Necessidade de uma mudança*, do qual já falamos. As transcrições das aulas saíram com curadoria de Erich Thies, de 1974 a 1976, pela Wissenschaftliche Buchgesellschaft de Darmstadt. Thies reconstruiu também dois momentos importantes da vida de Feuerbach, a sua formação universitária e a sua participação na revolução de 1848 (*Ludwig Feuerbach zwischen Universität und Rathaus oder die Heidelberger Philosophen und die 48er Revolution*. Heidelberg: Verlag Brigitte Guderjahn, 1990).

Também Hans-Martin Sass, que havia adicionado aos *Sämtliche Werke* de Bolin e Jodl (reeditados pela Frommann, 1959-60), como décimo primeiro volume (1962), os escritos juvenis em seu texto original e, como décimo segundo e décimo terceiro volumes (1964), o epistolário de Bolin com 21 novas cartas, demonstrava que um texto tradicionalmente atribuído a Marx, ou seja, *Lutero como árbitro entre Strauß e Feuerbach*, era, na verdade, de Feuerbach.

Entre tantas pessoas que transcreveram e divulgaram os inéditos de Feuerbach, está também este autor, do qual algumas contribuições são citadas aqui no texto e na bibliografia.

6. Congressos e Sociedade Internacional

O primeiro congresso internacional, que aconteceu em Bielefeld em setembro de 1973, teve não apenas uma fecunda troca entre estudiosos alemães, anglosaxões, franceses e italianos, como também um cerrado confronto entre quem defendia ainda a leitura engelsiana e quem a rejeitava como obsoleta, entre quem reiterava a condenação de Marx ao caráter contemplativo da natureza em Feuerbach e quem a rejeitava, entre quem continuava a ver na crítica feuerbachiana à religião apenas uma negação e quem captava ali tons análogos àqueles que ressoavam na teologia contemporânea, em particular naquela da secularização. O livro publicado com curadoria de Hermann Lübbe e Sass (*Atheismus in der Diskussion Kontroversen um Ludwig Feuerbach*. Munique/Mainz: Kaiser Grunewald, 1975) reproduz não só as relações, mas também as discussões. Alguns daqueles que citamos acima participaram.

Löwith, que teria querido participar, já havia morrido em maio daquele ano.

Hans-Jürg Braun, que havia assistido aos trabalhos e há pouco tempo publicara dois volumes sobre Feuerbach, propondo uma leitura fenomenológica que valorizasse a atenção do pensador pelo lado misterioso da existência (*Ludwig feuerbachs Lehre vom Menschen* e *Die Religionsphilosophie Ludwig Feuerbach*. Estugarda/Bad Cannstatt: Frommann, 1971 e 1972), pensou no projeto de uma Sociedade Internacional de estudiosos de Feuerbach. Tal projeto foi plenamente realizado quando tal sociedade, fundada em 1987 em Zurique, organizou, em 1989, em Bielefeld, o segundo congresso internacional, com a participação de 54 estudiosos provenientes de dezesseis nações. A queda dos regimes comunistas do leste e a queda do muro de Berlim eram iminentes. O debate sobre a interpretação marxista ainda ecoava, mas com tons um pouco obsoletos, enquanto se aproximavam os novos temas da natureza e do confronto entre culturas. A variedade deles é documentada pelo grosso volume de Atos. A esse congresso, seguiram-se outros, entre os quais um, em Nápoles, dedicado sobretudo à historiografia de Feuerbach (*Ludwig Feuerbach und die Geschichte der Philosophie*. Berlim: Akademie Verlag, 1998). Em 2004, bicentenário do nascimento, o Congresso de Berlim tratou de pluralismo intercultural (*Ludwig Feuerbach 1804-1872: Identität und Pluralismus in der globalen Gesellschaft*.

Münster: Waxmann, 2006). Sucessivamente, um congresso em Münster tratou da relação com o judaísmo (*Feuerbach und der Judaismus*. Münster: Waxmann, 2009). O interesse que esses temas suscitaram também fora da Europa, como a participação de estudiosos de todo o mundo nas iniciativas da Sociedade Internacional, demonstram o quanto é vivo o pensamento de Feuerbach.

Bibliografia

Como muitas indicações bibliográficas estão já contidas no capítulo *História da recepção*, limitamo-nos aqui a marcar os livros utilizados

Fontes

FEUERBACH, L. *Entwürfe zu einer Neuen Philosophie*. Ed. W. Jaeschke e W. Schuffenhauer. Hamburgo: Meiner, 1996.

______. *Das Wesen der Religion*. Trad. it. F. Tomasoni. [s.n.t.], 1986, vol. 1, p. 174-337.

______. *Vorlesungen über die Geschichte der neuren Philo-sophie*. Ed. E. Thies e C. Ascheri. Darmstadt: Wissenschaftliche Buchgesellschaft, 1974.

______. *GW* (com número do volume em algarismos romanos e número da página): *Gesammelte Werke*. Ed. W. Schuffenhauer. Berlim: Akademie Verlag, 1967.

Traduções em italiano

FEUERBACH, L. *L'immortalità*. Trad. it. M. Vanzulli. Milão: Mimesis, 2000.

______. *Abelardo ed Eloisa: Lo scrittore e l'uomo*. Trad. it. F. Tomasoni. Florença: Le Lettere, 1999.

______. *L'essenza del cristianesimo*. Trad. it. F. Tomasoni. Roma/Bari: Laterza, 1997.

FEUERBACH, L. *Pensieri sulla morte e l'immortalità*. Trad. it. F. Bazzani. Roma: Editori Riuniti, 1997.

______. *Spiritualismo e materialismo*. Trad. it. F. Andolfi. Roma/Bari: Laterza, 1993.

______. *Una recenzione a Moleschott. In: Materialisti dell'Ottocento*. Ed. A. Pacchi. Trad. it. F. Tomasoni. Bolonha: il Mulino, 1978, p. 129-145.

______. *SF: Scritti filosofici*. Trad. it. C. Cesa. Roma/Bari: Laterza, 1976.

______. *Essenza della religione*. Trad. it. C. Ascheri e C. Cesa. Bari: Laterza, 1972[3].

Literatura secundária

BAUER, B. "Charakteristik Ludwig Feuerbach". *Wigand's Vierteljahrsschrift*, III: 86-146, 1845.

CESA, C. *Introduzione a Feuerbach*. Roma/Bari: Laterza, 1978.

______. *Il giovane Feuerbach*. Bari: Laterza,1963.

DAUMER, G. F. *Der Anthropologismus und Kritizismus der Gegenwart in der Reife seiner Selbstoffenbarung, nebst Ideen zur Begründung einer neuen Entwicklung in Religion und Theologie*. Nurembergue: Bauer & Raspe, 1844.

HAYM, R. *Feuerbach und die Philosophie: Ein Beitrag zur Kritik Beider*. Halle: Heynemann, 1847.

MEW (com o número do volume em algarismos romanos e número da página): Marx Karl - Engels Friedrich, *Werke* (*MEW*). Berlim: Dietz Verlag, 1955.

PERONE, U. *Invito al pensiero di Feuerbach*. Milão: Mursia, 1992.

SCHMIEDER, F. *Ludwig Feuerbach und der Eingang der klassischen Fotografie: Zum Verhältnis von anthropologischem und historischem Materialismus*. Berlim/Viena: Philo Verlag, 2004.

STIRNER, M. *Der Einzige und sein Eigenthum*. Lípsia: Wigand, 1945.

TOMASONI, F. *Ludwig Feuerbach: Biografia intellettuale*. Bréscia: Morcelliana, 2011.

______. *Ludwig Feuerbach e la natura non umana: Ricostruzione genetica dell'Essenza della religione con pubblicazione degli inediti*. Florença: La Nuova Italia, 1986.

WINIGER, J. *Ludwig Feuerbach: Denker der Menschlichkeit*. Darmstadt: Schneider, 2011.

ZELLER, E. Crítica a *Das Wesen des Christentums*, I. *In*: *Theologische Jahrbücher*. [s.n.t.]: 1843, vol. 2, p. 324-366.

Índice onomástico

A

Abelardo, Pietro – 23, 41, 125, 163
Adorno, Theodor Wiesengrund – 150
Andolfi, Ferruccio – 154, 164
Anselmo (s.) d'Aoesta – 25
Aristóteles – 60
Arvon, Henri – 151
Ascheri, Carlo – 29, 56, 156, 163, 164

B

Bacon, Francis – 25, 26
Barth, Karl – 147, 148
Bauer, Bruno – 11, 12, 52, 74, 75, 121, 164
Bayle, Pierre – 31, 32, 35, 118, 120
Bazzani, Fabio – 164
Bernardo (são) 66
Bloch, Ernst – 144, 148
Böhme, Jacob – 27, 46, 48
Bolin, Wilhelm – 66, 97, 137 141, 156, 157
Braun, Hans-Jürg – 158
Bruno, Giordano – 21, 29
Buber, Martin – 64, 139, 144, 145

C

Campanella, Tommaso – 29
Casini, Leonardo – 153
Cesa, Claudio – 22, 133, 153, 164
Cohen, Hermann – 145
Cudworth, Ralph – 76

D

Darwin, Charles – 77
Daub, Karl – 10, 17, 44, 76
Daumer, Georg Friedrich – 75, 164
Descartes, René – 27-29, 59, 111, 120

E

Eliot, George (Mary Anne Evans) – 135
Engels, Friedrich – 11, 52, 75, 142, 143, 149, 155, 164

F

Feuerbach, Eleonore – 11
Feuerbach, Mathilde – 11
Feuerbach, Paul Johann Anselm – 9
Fichte, Johann Gottlieb – 34, 117, 125
Frederico Guilherme – 58
Freud, Sigmund – 60, 96, 109, 119
Fulberto – 23

G

Galilei, Galileo – 24
Gassendi, Pierre – 27
Gentile, Giovanni –152
Geulincx, Arnold – 28
Grün, Karl – 136-138, 140

H

Haym, Rudolf – 84, 127, 144, 164
Heloisa – 23, 24, 125, 163
Hegel, Georg Wilhelm Friedrich – 10, 17-19, 22, 27-31, 33-35, 38-44, 46, 48, 53, 55, 59, 60-64, 75, 80-82, 89, 110-112, 120, 121, 126, 129, 130, 136, 142, 146-148, 151, 153
Heidegger, Martin – 145, 146
Herder, Johann Gottfried – 156
Hesíodo – 91, 92
Hobbes, Thomas – 27, 76, 111
Hölderlin, Friedrich – 19, 55
Homero – 91

J

Jaeschke, Walter – 163
João (são) – 44
Jodl, Friedrich – 139, 144, 156

K

Kant, Immanuel – 28, 60, 63, 83, 97, 99, 101, 137, 138, 140, 142, 144
Kierkegaard, Sören – 146
Kohut, Adolph – 139

L

Lange, Friedrich Albert – 104, 140, 141
Leibniz, Gottfried Wilhelm – 29-31, 47, 59, 135, 153
Lenin, Vladimir Ilič – 144
Lombardi, Franco – 152
Löw, Bertha – 11
Löwith, Karl – 145, 146, 150, 158
Lübbe, Hermann – 157
Lutero (Luther), Martin – 53, 65-68, 70-72, 90, 93, 102, 103, 116, 147, 153, 157
Luther, Paul – 103

M

Malebranche, Nicolas – 28, 120, 121
Marcuse, Herbert – 150, 154
Marx, Karl – 11, 12, 47, 52, 58, 65, 67, 75, 113, 143, 146, 147, 149, 155, 157, 164
Michelet, Karl Ludwig – 25
Moleschott, Jakob – 87, 164
Müller, Julius – 65, 114, 124

P

Pacchi, Arrigo – 164
Paulo (são) – 40
Paulus, Heinrich Eberhard Gottlob – 10
Perone, Ugo – 133, 165
Petau, Denys – 76
Plekhanov, Georgij Valentinovič – 144
Proclo – 60

R

Rambaldi, Enrico – 153
Rau, Albrecht – 140, 141
Rawidowicz, Simon – 150, 151
Riverso, Emanuele – 147
Rousseau, Jean-Jacques – 23
Roy, Joseph – 135
Ruge, Arnold – 11, 33, 52, 58, 67

S

Sass, Hans-Martin – 156
Schelling, Friedrich Wilhelm Joseph – 10, 19, 46-48, 55, 59
Schleiermacher, Friedrich Ernst Daniel – 80
Schmidt, Alfred – 149, 150
Schmieder, Falko – 110, 165
Schopenhauer, Arthur – 13, 71, 97-99, 101, 102, 137
Schott, Uwe – 156

Schuffenhauer, Werner – 154, 155, 163
Sócrates – 41
Spinoza, Baruch – 25, 26, 28, 29, 59, 144
Starcke, Carl Nicolai – 138, 141, 142
Stirner, Max (Johann Caspar Schmidt) – 12, 51, 52, 65, 74, 75, 113, 151, 154, 165
Strauss, David Friedrich – 11, 33

T

Telesio, Bernardino – 84
Thies, Erich – 156, 163
Tomasoni, Francesco – 7, 73, 163-165
Tröster, Wilhelmine – 9

V

Vaillant, Marie-Édouard – 135
Vanini, Giulio Cesare – 24
Vanzulli, Marco – 163

W

Wagner, Richard – 65

X

Xhaufflaire, Marcel – 149

Z

Zeller, Eduard – 165

Esta obra foi composta em CTcP
Capa: Supremo 250g – Miolo: Pólen Soft 70 g
Impressão e acabamento
Gráfica e Editora Santuário